税务标准化理论与实践

国家税务总局云南省税务局 编

中国税务出版社

图书在版编目（CIP）数据

税务标准化理论与实践/国家税务总局云南省税务局编.
——北京：中国税务出版社，2019.6
ISBN 978-7-5678-0794-5

Ⅰ.①税… Ⅱ.①国… Ⅲ.①税收管理-标准化-研究-中国 Ⅳ.①F812.423

中国版本图书馆 CIP 数据核字（2019）第 032799 号

版权所有·侵权必究

书　　名：	税务标准化理论与实践
作　　者：	国家税务总局云南省税务局　编
责任编辑：	王静波　赵泽蕙
责任校对：	姚浩晴
技术设计：	刘冬珂
出版发行：	中国税务出版社

北京市丰台区广安路 9 号国投财富广场 1 号楼 11 层
邮政编码：100055
http：//www.taxation.cn
E-mail：swcb@taxation.cn
发行中心电话：（010）83362083/86/89
传真：（010）83362046/47/48/49

经　　销：	各地新华书店
印　　刷：	北京天宇星印刷厂
规　　格：	787 毫米×1092 毫米　1/16
印　　张：	11.75
字　　数：	193000 字
版　　次：	2019 年 6 月第 1 版　2019 年 6 月第 1 次印刷
书　　号：	ISBN 978-7-5678-0794-5
定　　价：	36.00 元

如有印装错误　本社负责调换

本书编写组

主　　编：张树学

副 主 编：于智广　许光烈　欧发明　刘卫民
　　　　　王　镶　张炳华　杨边边　吴毓壮
　　　　　邱继斌

编　　委：阚　雄　马晓颖　和志刚　佘昌值
　　　　　王　斌　邹宗文　白建伟　孙思国
　　　　　李洪祥

编写人员：孙　留　张春来　何雪冬　郑明富
　　　　　杨立娇　张　明　姚　瑶　道　路
　　　　　邵东明　杨迎胜　季　恒　石　林
　　　　　佘　玫　王　睿　陈　群　李鸿良
　　　　　李永宏　董华兴　张罗斌　张　倩
　　　　　郑欣华　张朝晖　李胤蝶

前　　言

　　税收是国家财政的主要来源和治国理政的重要基础，税收职能深刻作用于经济、政治、社会、文化、生态、外交等国家治理的各个方面，社会协调发展，离不开税收支撑保障。党的十九大作出了我国新的社会主要矛盾的科学判断，并提出我国经济已由高速增长阶段转向高质量发展阶段，要建设现代化经济体系来推动高质量发展的战略构想。财税体制改革是现代化经济体系建设的重要组成部分，税收作为联系财政与经济、政府与市场的纽带，如何全力服务于现代化经济体系建设，成为税务系统当前和今后一个时期工作的重要主题。

　　国家税务总局曾提出到2020年基本实现税收现代化的总目标，并将其细化为"完备规范的税法体系、成熟定型的税制体系、优质便捷的服务体系、科学严密的征管体系、稳固强大的信息体系、高效清廉的组织体系"的"六大体系"建设。站在我国发展新的历史方位，建设现代化经济体系为税务部门充分发挥税收职能作用提供了更为明确的方向指引，国家税务总局与时俱进地提出高质量推进新时代税收现代化的目标。税收现代化的重要表现是实现征纳权责明晰化、税收业务规范化、工作流程协同化、应用系统一体化、涉税信息共享化、绩效考核科学化、外部合作全球化，而高质量推进新时代税收现代化需做到"更加注重求新、更加注重全面、更加注重平衡、更加注重充分、更加注重法治、更加注重开放"的"六个更加注重",实现圆满完成税费收入任务,不折不扣落实减税降费政策,优化税收营商环境,优化税收执法方式,健全税务监管体系,加强国际税收合作,加强税务干部队伍建设等目标。在此背景下,应以什么方式高质量推进新时代税收现代化建设成为税务系统当前迫切需要解决的问题。

2014年2月,原云南省国税局将标准化理念引入税收工作,正式提出"以标准化管理推进税收现代化建设"的思路,开始税务标准化理论研究与实践探索,在原昆明市五华区国税局和原楚雄市国税局两个单位分别进行了税务标准化试点工作,经过四年多的试点,税务标准化取得良好的成效。2016年7月,原昆明市五华区国税局被国家标准化管理委员会确定为全国税务行业首个国家级社会管理和公共服务标准化试点单位。2017年1月,原楚雄市国税局以税务标准化为主要亮点被国家税务总局表彰为第一批全国税务系统法治基地。2017年12月13日,国务院考核组到原昆明市五华区国税局实地核查税务标准化工作,考核组组长、国家标准化管理委员会主任田世宏和云南省副省长董华予以高度评价。

《税务标准化理论与实践》正是根据这些重要理论热点与实践的结合,以高质量推进新时代税收现代化为目标,从全面推进国家税收治理能力现代化出发,对税务标准化、税收现代化、税务标准化与税收现代化的关系等理论进行系统阐述,建立了税务标准化的理念和内涵,并结合我国实际提出了开展税务标准化建设的具体思路和对策,为提升税收现代化建设的进程与质效提供了重要的实现路径,为各地探索税收现代化建设路径起到了参考作用,也丰富了国家税务总局《税收现代化目标体系建设研究》课题的具体内容。

本书共分为八章。其中第一章介绍了标准与标准化的基本概念,

前言

我国行政机关标准化现状与战略。第二章阐述了税务标准和税务标准化的基本理论，是税务标准化建设的理论基础。第三章从税务标准体系的含义、要求和构建方法等方面，介绍了如何构建税务标准体系。第四章和第五章对制定税务标准的基本流程进行了梳理，详细介绍了税务标准由理论到实践的产生及运用过程。第六章介绍了如何对税务标准进行评价和改进。第七章从实践层面对税务标准化试点情况进行案例分析，对试点单位的主要做法、成效和经验都做了系统的总结。第八章在全面总结税务标准化实践探索经验的基础上，对标准化的扩展运用，特别是将税务标准化与"互联网+"、绩效管理、数字人事、风险管理的深度融合进行了展望。

本书总结了云南税务标准化理论研究的成果和实践建设的经验，吸收了国内外相关理论的研究内容，参照最新的税收法律法规规定，力求做到理论联系实际，对深化国地税征管体制改革，建立优化、高效、统一的税收征管体系具有参考和指导作用。本书在编撰过程中得到了云南省市场监督管理局（原云南省质量技术监督局）、云南省标准化研究院的大力支持和帮助。在此，谨向所有指导和参与税务标准化工作及本书编写的同志表示衷心的感谢！鉴于税务标准化尚处于实践探索阶段，书中错漏难免，恳请读者批评指正。

本书编写组
2019 年 3 月

目 录

第一章　标准化概述 ………………………………………………… 1

第一节　标准和标准化的基本概念 ………………………………… 1
一、标准的概念 …………………………………………………… 1
二、标准化的概念 ………………………………………………… 2

第二节　我国行政机关标准化现状与战略 ………………………… 2
一、我国行政机关标准化现状 …………………………………… 3
二、标准化发展的战略规划 ……………………………………… 5

第二章　税务标准化基本理论 ……………………………………… 10

第一节　税务标准 …………………………………………………… 10
一、税务标准的内涵 ……………………………………………… 10
二、税务标准的特点 ……………………………………………… 11
三、税务标准的形式 ……………………………………………… 12

第二节　税务标准化 ………………………………………………… 13
一、税务标准化的内涵 …………………………………………… 13
二、税务标准化的特点 …………………………………………… 15
三、税务标准化的实现方式 ……………………………………… 17

第三节　推进税务标准化的必要性 ………………………………… 19
一、税收工作的现状 ……………………………………………… 19
二、税收工作存在的主要问题及困难 …………………………… 24

三、税务标准化的现状 …………………………………… 24
四、以税务标准化推进税收现代化 ……………………… 29

第三章 税务标准体系的构建 …………………………… 44

第一节 税务标准体系的含义 …………………………… 44
一、标准体系的内涵 ……………………………………… 44
二、税务标准体系的内涵 ………………………………… 44
三、各标准子体系间的关系内涵 ………………………… 45

第二节 构建税务标准体系的要求 ……………………… 46
一、目的性和导向性 ……………………………………… 46
二、层次性和集合性 ……………………………………… 47
三、适应性和实用性 ……………………………………… 48
四、开放性和可持续性 …………………………………… 48

第三节 构建税务标准体系的方法 ……………………… 49
一、厘清现状，梳理事项 ………………………………… 49
二、政策分析，确定目标 ………………………………… 49
三、方案设计，构建体系 ………………………………… 50
四、流程设计，程序推进 ………………………………… 51

第四章 税务标准的制定 …………………………………… 53

第一节 梳理制度 ………………………………………… 53
一、梳理制度的范围 ……………………………………… 53
二、梳理制度的要求 ……………………………………… 54
三、梳理制度的方法 ……………………………………… 56

第二节 优化税收流程 …………………………………… 59
一、优化税收流程的内涵 ………………………………… 59
二、优化税收流程的原则 ………………………………… 62
三、优化税收流程的要求 ………………………………… 63
四、优化税收流程的程序 ………………………………… 64

第三节 制定标准 ·· 71
    一、税务标准的基本要素 ·· 71
    二、制定税务标准的流程 ·· 76

第五章 税务标准的实施 ·· 80

第一节 实施要求 ·· 80
    一、实施税务标准的含义 ·· 80
    二、实施税务标准的要求 ·· 80
    三、实施税务标准的保障 ·· 82

第二节 实施方法 ·· 83
    一、过程法 ·· 83
    二、要素法 ·· 83
    三、具体做法 ··· 84

第三节 实施监督 ·· 85
    一、税务标准实施监督的含义 ······································· 85
    二、税务标准化管理制度 ·· 86

第六章 税务标准的评价和改进 ··· 89

第一节 税务标准的评价 ··· 89
    一、税务标准评价的含义 ·· 89
    二、税务标准评价的原则 ·· 89
    三、税务标准评价的要求 ·· 90
    四、税务标准评价的内容 ·· 91
    五、税务标准评价的程序和方法 ···································· 91

第二节 税务标准的改进 ··· 100
    一、税务标准改进的含义 ·· 100
    二、税务标准改进的意义 ·· 101
    三、税务标准改进的原则 ·· 101
    四、税务标准改进的方法 ·· 101

第七章 税务标准化的实践 ……………………………… 105

第一节 税务标准化的组织方式 ………………………… 105
一、省局组织方式 …………………………………… 105
二、州（市）局组织方式 …………………………… 109
三、县（区）局组织方式 …………………………… 110

第二节 统一设计、整体推进案例
（原昆明市五华区国税局）…………………… 113
一、基本情况 ………………………………………… 113
二、主要做法 ………………………………………… 114
三、主要成效 ………………………………………… 122
四、经验总结 ………………………………………… 126

第三节 统一设计、分步推进案例
（原楚雄市国税局）…………………………… 128
一、基本情况 ………………………………………… 128
二、主要做法 ………………………………………… 129
三、主要成效 ………………………………………… 133
四、经验总结 ………………………………………… 137

第八章 税务标准化展望 …………………………………… 140

第一节 总结完善 加强顶层设计 ……………………… 140
一、总结完善 ………………………………………… 140
二、顶层设计 ………………………………………… 142

第二节 动态管理 实现"标准化+" …………………… 145
一、对接"互联网+" ………………………………… 145
二、对接绩效管理 …………………………………… 148
三、对接数字人事 …………………………………… 149
四、对接风险管理 …………………………………… 150

目 录

　　第三节　质量强税　深化应用 …………………………… 151
　　　　一、标准决定质量 ………………………………………… 151
　　　　二、关键在于应用 ………………………………………… 152
　　　　三、重在实际成效 ………………………………………… 153

参考文献 …………………………………………………………… 155

附录 ………………………………………………………………… 157
　　五华区税务标准文件清单 …………………………………… 157
　　《项目税源管理与服务规范》（DG 5301/T 28—2018）……… 166

第一章 标准化概述

"不以规矩,不成方圆",距今2300多年前中国思想家孟子就提出了这样的行为意识,深刻反映了"规矩"对历史发展、社会进步所发挥的重要作用,"规矩"就是一种"标准"。随着人类实践活动范围的不断扩大,以及人类改变生存环境的不断需求,有意识的"标准化"实践活动不断发展。标准化的发展史根据时间,可以分为古代标准化、近代标准化和现代标准化。1946年,国际标准化组织(ISO)正式成立,标志着近代标准化得以迅速发展;现代标准化结合现代科学理论,建立与社会现代化发展相适应的标准化体系,各行各业的发展对标准化的依赖程度越来越高,其发展水平已经成为衡量一个国家社会管理、国民经济、科学技术发展水平的重要标志。

第一节 标准和标准化的基本概念

一、标准的概念

(一)标准的概念

《标准化工作指南 第1部分:标准化和相关活动的通用术语》(GB/T 20000.1—2014)[①] 中对标准的定义是:通过标准化活动,按规定的程序经协商一致制定,为各种活动或其结果提供规则、指南或特性,供共同使用和重复

---

① 中华人民共和国国家质量监督检验检疫总局,中国国家标准化管理委员会. 标准化工作指南 第1部分:标准化和相关活动的通用术语 GB/T 20000.1—2014 [S]. 北京:中国标准出版社,2015:3.

使用的文件。

（二）标准的分类

从不同的目的和角度出发，依据不同的准则，可以对标准进行不同的分类：

按标准制定的主体和适用范围不同，将标准分为国际标准、区域标准、国家标准、行业标准、地方标准和企业标准。

按标准的基本属性和所涉及的对象不同，将标准分为管理标准、技术标准和工作标准。

按标准的约束力不同，将标准分为强制性标准和推荐性标准。

二、标准化的概念

《标准化工作指南 第 1 部分：标准化和相关活动的通用术语》（GB/T 20000.1—2014）对标准化的定义是：为了在既定范围内获得最佳秩序，促进共同效益，对现实问题或潜在问题确立共同使用和重复使用的条款以及编制、发布和应用文件的活动。

以上定义有以下四点内涵：

一是标准化是一项制定标准的活动。

二是标准化的目的是在既定范围内获得最佳秩序。

三是条款的内容是现实问题或潜在问题。

四是标准化的效果只有当标准在实施中付诸共同和重复使用后才能体现出来。

第二节　我国行政机关标准化现状与战略

2016 年 9 月 9 日至 14 日，第 39 届国际标准化组织大会在北京召开，习近平主席专门致信祝贺，李克强总理出席大会并致辞。习近平主席在贺信中明确提出，中国将积极实施标准化战略，以标准助力创新发展、协调发展、绿色发展、开放发展、共享发展。这些重要论述，指明了标准化事业发展的战略方向，明确了标准化在经济社会发展中的战略定位，为推进实施质量强国战略、标准化战略提供了根本遵循原则。李克强总理在大会致辞中指出：要把标准化理念和方法融入政府治理之中，持续深化简政放权、放管结合、优化服务改革，更加注重运用标准化这一手段，促进政府管理更加科学和市场监管更加规范有序，提高政府效能。

一、我国行政机关标准化现状

近年来，国内外开始对不同领域的标准化进行了探索，从而引起许多标准化活动开始向一些新领域扩展，尤其是向行政管理领域方向扩展。标准化体系建设已成为我国政府职能转变和行政体系变革的基础技术支撑和现实要求。党的十八届三中全会提出，政府要加强发展战略、规划、政策、标准等制定和实施，加强市场活动监管，加强各类公共服务提供。李克强总理《在国务院机构职能转变动员电视电话会议上的讲话》中对创新行政管理方式和提高政府治理能力指出，"再造行政流程，完善审批制度，建立标准明确、程序严密、运作规范、制约有效、权责分明的管理制度"。由此可见，标准化作为加强和创新社会管理、提升公共服务水平的普遍适用工具已经过实践验证并得到国家管理层面和社会各界的广泛认同。标准化管理给我国政府管理带来的诸多好处日渐清晰，其在政府行政管理中的运用也日趋增多。

顺应服务型政府建设的潮流，全国各地普遍建立了各类行政服务中心，企业和群众对行政服务的需求越来越高。但由于各地行政服务中心都是自下而上成立的，人员构成相对复杂，窗口人员来自不同单位，工资和人事关系仍然在原派出单位，同时窗口人员实行定期轮换，工作风格和习惯不同，服务差异性较大；在运行和管理中，缺乏统一的管理规范，管理目标和优质服务很难操作到位。单靠制度、检查等制约手段，不利于服务保持长期性、稳定性和统一性。迫切需要建立一个量化、统一的服务规范，规范行政服务中心的运行，真正让群众享受到优质高效的服务。因此，标准化的管理制度运用到行政机关的主要体现为"用制度管人、管事、管权"这一工作思路，行政服务标准化就成为推进政府高效治理的有效工具和手段。行政机关标准化工作部分成果举例如表1-1所示。

表1-1　　　　　　　　行政机关标准化部分工作成果

序号	单位	成　果
1	山东省新泰市政务服务中心	山东省新泰市以建设服务型政府为目标，全面推进行政服务标准化。2003年新泰市组建政务服务中心，为破解部门"合署易、协调难"、事项"入驻易、规范难"、人员"集中易、管理难"、群众"进门易、办事难"等难题，在国内率先将标准化"统一、协调、简化、优化"的原理融入政务大厅日常管理服务之中，建立了以通用基础标准为指导，以服务提供标准为核心，以管理标准为保障，以岗位工作标准为支撑的标准体系，下辖17个子体系972项标准，形成了闭环运转、无缝链接的政务服务全程标准化模式。2008年12月山东省质监局发布了中心起草的5个地方标准。2008年中心成为山东省级服务业标准化创建单位；2010年成为国家级服务业标准化试点单位；2011年，通过国家级服务业标准化试点评估；政务服务中心的"标准化+政务服务模式"案例、"坚持'三化并进'打造人民满意政务"案例先后获评2015年度、2017年度全国行政服务大厅"百优十佳"典型案例，先后荣获中国标准创新贡献奖、全国标准化示范单位等荣誉称号，与中国行政体制改革研究会联合承担了全国政务大厅服务标准化工作组秘书处工作，主持制定的6项政务服务国家标准已发布实施，全国31个省（自治区、直辖市）的700余家单位，以及美国、英国、俄罗斯等国家的专家学者先后前来考察交流，赢得了社会各界广泛赞誉
2	江苏省南通市政务服务中心	2014年，南通市政务服务中心承担首批国家级社会管理和公共服务综合标准化试点项目；2015年5月，该试点项目通过国家标准委评估验收。2015年9月，中心成功入选全国行政服务大厅"百优十佳"典型案例。2016年，中心获选国家级服务业标准化示范项目，推动国家级政务服务综合标准化试点项目建设，修订颁布政务服务标准体系3.0版本，共计服务标准842项，自有标准率91.2%。作为主要参与者，起草《政务大厅投诉处置规范》11项国家标准和《政务服务大厅建设规范》《政务服务综合绩效考核规范》2项省级标准，扩大"南通政务服务标准"示范引领效应。"南通市政务服务综合标准化建设案例分析"编入中国标准出版社、中国质检出版社出版的《公共服务标准化理论与实务》丛书
3	北京市东城区人民政府	为打造城市公共服务标准化示范区，北京市东城区以"以标准化为手段，打造东城公共服务新品牌"为基本理念，以打造"国际化、现代化新东城"为总目标，全面推进服务型政府建设。2009年被确立为国家级服务业标准化试点地区，出台了"2391"示范区核心建设工程规划，即两年内，在公共事业管理、行政管理和城市管理3个方面，重点建设9个示范项目，打造1个东城公共服务新品牌。截至2018年，东城区已形成了6个市政综合监管行业标准及配套技术、管理标准，并在全国同行业中推广应用。在医疗卫生领域，结合社区卫生服务新模式的建立，按多项标准统一进行规划建设、管理考核，改变过去分散管理、没有统一标准的状况；在社会救助领域，结合创建数字化社会救助体系，明确了各救助项目在主体、对象、程序等方面的标准；在社区建设领域，制定了《社区便民服务项目立项与评估标准》，促进了社区服务设施的均等化、规范化；在城市美容方面，编制了《东城区环境卫生、园林绿化、市政道路管理服务规范》，统一市容市政管理、技术标准，进一步提升了城市管理标准化水平；在研究建立公共安全监管新体系过程中，将标准化建设作为重点内容，同时编制了政府监管、企业自查、风险源分类分级等标准

续表

序号	单位	成果
4	浙江省台州市行政服务中心	2015年，浙江省台州市行政服务中心启动全国和省级行政审批服务标准化试点的申报，以"审批速度最快、服务效能最优"为目标，打造审批事项、网上审批、中介服务、窗口管理、督查机制五个标准化，形成独具台州特色的行政审批标准化范本。2018年10月，浙江省台州市行政服务中心承担的国家级"民营经济创新发展综合配套改革试验区行政审批服务标准化试点"项目顺利通过考核评估。台州市打破按部门梳理审批事项的常规做法，围绕企业的准入、运行、发展、退出，以及公民从生育准备到婴幼年期、青少年期、成年期、老年期各不同阶段的需求，进行全程梳理。针对台州主导产业、民营经济产业、内资行业、小微企业等，共梳理出企业全生命周期事项292项；针对公民全生命周期，梳理出对应事项132项，自然人日常生活需求的事项全部囊括在内；针对多部门多事项办理难、办事烦的问题，从群众办事对"一件事"的认识角度，梳理符合台州市场需求和产业导向的跨部门审批事项，即协同办理标准体系事项50项，在三大体系上形成了独具台州特色的标准化审批目录。坚持市县协同推进，统一全市行政审批服务标准。对照《行政许可标准化指引（2016版）》和《政务服务中心标准化工作指南》等8套国家标准，结合台州实际，梳理《行政服务中心标准编写清单》，共编制通用基础标准分体系40项；服务提供标准分体系492项，其中服务规范子体系14项，服务提供规程子体系478项；管理标准分体系32项；岗位标准分体系24项，形成"四位一体"的标准化体系。同时，创新服务指南的编写规程，制定单一事项的办理规程、服务指南、岗位职责和岗位说明书模板，编写单一事项标准文本407项、联办事项件文本8个，形成精制化标准化的办事指南
5	湖南省长沙市电子政务办公室	湖南省长沙市积极推进电子政务服务标准化工作。2016年6月，长沙市电子政务服务标准化建设工作成功申报成为国家第三批社会管理和公共服务综合标准化试点项目，打造了由"总体标准、管理标准、网络建设、信息共享、支撑技术、信息安全、互联网+政务服务"7个子体系构成的标准体系架构，制定了包括《电子政务服务标准化工作指南》《长沙市政务云平台运维管理规范》等35项电子政务服务标准。同时，长沙首创"监管+评审"的标准制定模式，极大促进了标准的高效执行。随着长沙市电子政务服务标准化建设国家级试点工作的有序推进，长沙逐步构建以智慧政务云平台为支撑的新型智慧城市体系，建设一个平台、多个应用、多级共享、跨区域、跨部门、跨层级的信息交换共享平台和信息资源共享机制，以"标准"为基础优化电子政务服务，进一步规范政府行政权力运行、降低制度性交易成本，解决影响企业和群众办事创业的难点堵点，进一步激发社会和市场活力

资料来源：编者自行整理。

二、标准化发展的战略规划

（一）国家"十三五"规划

中华人民共和国国民经济和社会发展第十三个五年规划纲要（以下简称

"十三五"规划)中58处提到标准,"五大发展理念"处处渗透着标准化思想。在国家"十三五"规划中对政府行政机关的标准化工作提出要求:优化政府服务,创新政府服务方式,提供公开透明、高效便捷的政务服务和公共服务。加快推进行政审批标准化建设,优化直接面向企业和群众服务项目的办事流程和服务标准。加强部门间业务协同。推广"互联网+政务服务",全面推进政务公开。

(二)国家标准化体系建设发展规划

标准是经济活动和社会发展的技术支撑,是国家治理体系和治理能力现代化的基础性制度。改革开放特别是进入21世纪以来,我国标准化事业快速发展,标准体系初步形成,应用范围不断扩大,水平持续提升,国际影响力显著增强,全社会标准化意识普遍提高。但是,与经济社会发展需求相比,我国标准化工作还存在较大差距。为贯彻落实《中共中央关于制定国民经济和社会发展第十三个五年规划的建议》和《国务院关于印发深化标准化工作改革方案的通知》(国发〔2015〕13号)精神,推动实施标准化战略,加快完善标准化体系,提升我国标准化水平,制定《国家标准化体系建设发展规划(2016—2020年)》,这是我国标准化领域第一个国家专项规划。国家标准化体系建设发展规划结构如表1-2所示。

表1-2 国家标准化体系建设发展规划结构

一、总体要求	指导思想	认真落实党的十八大和十八届二中、三中、四中、五中全会精神,按照"四个全面"战略布局和党中央、国务院决策部署,落实深化标准化工作改革要求,推动实施标准化战略,建立完善标准化体制机制,优化标准体系,强化标准实施与监督,夯实标准化技术基础,增强标准化服务能力,提升标准国际化水平,加快标准化在经济社会各领域的普及应用和深度融合,充分发挥"标准化+"效应,为我国经济社会创新发展、协调发展、绿色发展、开放发展、共享发展提供技术支撑
	基本原则	1. 需求引领,系统布局 2. 深化改革,创新驱动 3. 协同推进,共同治理 4. 包容开放,协调一致
	发展目标	1. 标准体系更加健全 2. 标准化效益充分显现 3. 标准国际化水平大幅提升 4. 标准化基础不断夯实

第一章 标准化概述

续表

二、主要任务	优化标准体系	1. 深化标准化工作改革
		2. 完善标准制定程序
		3. 落实创新驱动战略
		4. 发挥市场主体作用
	推动标准实施	1. 完善标准实施推进机制
		2. 强化政府在标准实施中的作用
		3. 充分发挥企业在标准实施中的作用
	强化标准监督	1. 建立标准分类监督机制
		2. 建立标准实施的监督和评估制度
		3. 加强标准实施的社会监督
	提升标准化服务能力	1. 建立完善标准化服务体系
		2. 加快培育标准化服务机构
	加强国际标准化工作	1. 积极主动参与国际标准化工作
		2. 深化标准化国际合作
	夯实标准化工作基础	1. 加强标准化人才培养
		2. 加强标准化技术委员会管理
		3. 加强标准化科研机构建设
		4. 加强标准化信息化建设
三、重点领域	加强经济建设标准化，支撑转型升级	
	加强社会治理标准化，保障改善民生	
	加强生态文明标准化，服务绿色发展	
	加强文化建设标准化，促进文化繁荣	
	加强政府管理标准化，提高行政效能	
四、重大工程	农产品安全标准化工程	
	消费品安全标准化工程	
	节能减排标准化工程	
	基本公共服务标准化工程	
	新一代信息技术标准化工程	
	智能制造和装备升级标准化工程	
	新型城镇化标准化工程	
	现代物流标准化工程	
	中国标准走出去工程	
	标准化基础能力提升工程	

续表

五、保障措施	加快标准化法治建设
	完善标准化协调推进机制
	建立标准化多元投入机制
	加大标准化宣传工作力度
	加强规划组织实施

（三）政府管理领域标准化

构建政府管理标准化体系，要以推进各级政府事权规范化、提升公共服务质量和加快政府职能转变为着力点，固化和推广政府管理成熟经验，加强权力运行监督、基本公共服务、执法监管、政府绩效管理、电子政务服务、信息安全保密等领域标准制定与实施，树立依法依标管理和服务意识，建设人民满意政府。2017年年底前，各省（区、市）人民政府、国务院有关部门初步建成一体化网上政务服务平台，全面公开政务服务事项，政务服务标准化、网络化水平显著提升。政府管理领域标准化重点包括以下内容：

1. 权力运行监督，探索建立权力运行监督标准化体系，推进各级政府事权规范化。研究制定行政审批事项分类编码、行政审批取消和下放效果评估、权力行使流程等标准，实现依法行政、规范履职、廉洁透明、高效服务的政府建设目标。

2. 基本公共服务，完善基本公共服务分类与供给、质量控制与绩效评估标准，研制政府购买公共服务、社区服务标准，制定实施综合行政服务平台建设、检验检测公用平台建设、基本公共服务设施分级分类管理、服务规范等标准，培育基本公共服务标准化示范项目，提高基本公共服务保障能力。

3. 执法监管，强化节能节地节水、安全等市场准入标准和公共卫生、生态环境保护、消费者安全等领域强制性标准的实施监督，开展基层执法设备设施、行为规范、抽样技术等标准研制，提高执法效率和规范化水平，促进市场公平竞争。

4. 政府绩效管理，加强政府工作标准的制定实施，制定实施政府服务质量控制、绩效评估、满意度测评方法和指标体系标准，促进政府行政效能与工作绩效的提升。

5. 电子政务服务，推进电子公文管理、档案信息化与电子档案管理、电子监察、电子审计等标准体系建设，加强互联网政务信息数据服务、便民服务平台、行业数据接口、电子政务系统可用性、政务信息资源共享等政务信息标准化工作，制定基于大数据、云计算等信息技术应用的舆情分析和风险研判标准，促进电子政务标准化水平提升。

6. 信息安全保密，进一步完善国家保密标准体系，加强涉密信息系统分级保护、保密检查监管、安全保密产品等标准化工作，开展虚拟化、移动互联网、物联网等信息技术应用的安全保密标准研究，增强信息安全保密技术能力。

第二章　税务标准化基本理论

随着我国经济发展进入新时代，税收工作的对象、手段、内容等方面都发生了深刻的变化，税收管理面临诸多发展问题。加之当前我国税收征管体制还存在职责不够清晰、执法不够统一、办税不够便利、管理不够科学、组织不够完善、环境不够优化等问题，一定程度上制约了税收职能的充分发挥。如何应对新形势下税收工作面临的挑战，构建一套科学严密、标准统一的税收征管体系，满足新时代经济高质量发展对税收征管的新要求，充分发挥税收在国家治理中的积极作用，是高质量推进新时代税收现代化征程中必须解决的问题。本章重点阐述了税务标准和税务标准化的内涵、特征和形式。

第一节　税务标准

一、税务标准的内涵

（一）税务标准的定义

税务标准是指为了在税收征管中获得最佳税收秩序和取得最大征管效能，由税务行政管理部门统一制定和发布，共同使用和反复使用的一种规范性文件。

（二）税务标准与税收规范的关系

"税务标准"与"税务规范"都是税务工作效能提升到一定阶段的产物，都是税收现代化推进的重要内容。"税务标准"是"税务规范"实践的递进与延伸。

1. 税务标准与税务规范的联系

税务规范更注重流程和形式方面的内容,而税务标准既强调规则又强调实质的内容。因此,标准是规范的细化和扩展,是规范所要求达到的目标,成熟标准的推行将规范的落实更加具体化和系统化。

2. 税务规范与税务标准的区别

税务规范和税务标准有着不同的内涵,二者的主要区别在于:

(1) 定义不同。税务规范是在税收工作中,对征收管理、组织设置、信息建设等事项发布的行为规则;税务标准是对税收活动或其结果规定共同的和重复使用的规则、导则或特性的文件,包含了权威性。

(2) 发展基础不同。税务规范的产生以特定税收业务为基础;而税务标准的产生可以建立在各种税收活动之上。

(3) 基本要求不同。税务规范的基本要求是程序化;而税务标准的基本要求是效益化和秩序化。

(4) 核心要求不同。税务规范的核心是适应当前工作的需要;而税务标准的核心是获得最佳秩序和社会效益。

二、税务标准的特点

(一) 集约性

集约性就是强调所有的税收管理资源要优化统筹安排,相互协调,互为一体。持续优化资源配置,形成以一体化信息平台为依托,以优化服务、风险管理为重点,各层级之间、部门之间、税收管理主要环节之间流程节点明确、资源配置合理、权责明晰的税收现代化体系。做到要求统一、流程一体、步调一致、质量相同。整合税收活动中各节点的资源,形成一个规范流程,通过节点和事项来触发工作,做到协动、联动、互动"一体化",使税务标准的使用成为内控机制的链条、绩效考核的基石。税务标准以减少重复劳动,整合征管资源为主要内容。

(二) 科学性

税务标准是通过不断的分析比较、总结提炼得到的,是前期反复论证和实践检验的结果。坚持科学的态度,采用科学的方法,遵循税收征管的本质和内在规律,努力实现主观与客观的统一。税务标准应严格按照当前税收征管的规定,并且前瞻性地寻找科学规律,考虑未来征管改革的方向,严防税务标准出现严重漏洞。

(三) 契合性

税务标准是与社会整体的现代化相协调,和税收现代化相协调,满足现代化社会赋予税收管理体系的各种功能,和深化征管体制改革的方向同步。深化征管体制改革要求简政放权,提升效能。通过税务标准的实施有利于降低征纳成本,提高征管效率。税务标准也是按照简政放权、优化资源配置、流程统一的要求进行制定,体现了税务标准与经济发展、税制改革的高度契合。

(四) 预期性

税务标准是对税收活动共同使用和反复使用的一种规范性文件,不仅反映了制定标准的前瞻性,也反映了制定标准的目的。根据税务标准,对现有的税收活动和未来的税收发展进行指导或规范。

三、税务标准的形式

(一) 具体形式

税务标准涉及征管业务、纳税服务、组织保障和信息技术四大方面的内容,每方面都涉及不同的具体业务,从而构成了四大类若干项单独的标准,形成系统标准。每项标准都可以单独修订,具体形式表现为内容结构加流程图,内容结构主要包括以下 9 个要素。

1. 范围。明确或界定符合税务事项发生的类型和内容。
2. 规范性引用文件。引用了某个法律法规、规范性文件的内容,这些文件、标准或文件条款构成了税务标准中不可或缺的内容。
3. 术语及定义。税务工作中对税收事项概念的称谓的集合。
4. 条件。判断所反映的税务活动赖以产生的事项情况,是决定税收活动存在、发展的内部原因。
5. 流程。税务事项进行中的次序或顺序的布置和安排,主要用流程图的方式展示。

6. 工作节点。节点即税务事项的控制点，它对税收工作的流程和发展起决定性的作用，是税务工作流程内容的具体表述方式。

7. 工作要求。提出税务工作中的具体规定或条件，希望做到或实现相同质量的目标。税务标准的工作要求主要包括质量要求、时限要求和服务要求三个方面。

8. 涉及业务系统和关联流程。主要包括税务事项过程中涉及相关联的应用系统和税务标准流程。

9. 记录与表格。对税务标准中提到的资料与表格进行列举的方式。

（二）具体分类

针对税收征管业务标准体系、纳税服务标准体系、组织保障标准体系和信息标准体系存在共性业务与具体业务的实际情况，将税务标准划分为通用标准、实务标准。也就是说，在标准体系中凡是通用的流程、通用的业务均采用通用标准表述，以便相互调用，如涉税备案流程，由于各税种均存在涉税备案业务且频繁使用该流程，因此涉税备案流程就须用通用标准来表述。对于独立的业务则采用实务标准表述。为了有效解决统一规范与因地制宜的关系，税务标准体系可增设个性标准。个性标准只能在制定个性标准的税务机关辖区内使用，一旦个性标准被其他地区采用，则个性标准可以转换为强制使用的实务标准。最后，按照便于检索、便于利用的原则对相关税务标准文件进行科学合理分类。

第二节 税务标准化

一、税务标准化的内涵

（一）税务标准化的定义

税务标准化是以税收为对象的标准化活动，即运用标准化的原理，通过制定、发布、实施和改进税务标准，把税收工作的各个环节纳入标准管理的轨道，从而在税收工作中获得最佳税收秩序和取得最大征管效能。

(二) 税务标准化的具体表现

1. 税务标准化是以税收为对象的标准化活动，是围绕税收工作的各个环节制定、发布、实施、改进税务标准的系统过程，税务标准是税务标准化过程中的核心要素。

2. 税务标准化是建立税务规范的活动，所建立的规范具有共同使用和重复使用的特征。

3. 税务标准是随着税收工作的推进和社会发展而不断进步的，当原有税务标准不能适应工作需要时，就要进行修订、完善、提高。因此税务标准短期内没有最终成果，税务标准的持续变化体现了税务标准化的相对动态特征。

4. 税务标准化的目的是获得最佳税收秩序和取得最大征管效能。税务机关作为政府提供公共服务的部门，组织性质属于非营利性，因此在税务化的目的上同生产型企业和其他营利性服务业组织存在本质区别。

5. 税务标准化的效果体现在税务标准体系付诸共同的与重复的运用，没有税务标准的实施就没有税务标准化，税务标准化结果的实施和运用是其生命力的主要表现之一。

(三) 税务标准化的原则

1. 客观原则

要一切从实际出发，不能主观臆断。标准流程的设计必须与当时的政治经济情况相适应，否则就会造成标准与实际工作相脱节，缺乏适用性、可操作性。这就要求税收立法必须从客观实际出发，税务标准化必须与税收工作实际相适应，尊重客观规律，坚持客观原则。

2. 公平效率原则

税务标准化必须遵循公平原则，主要是征纳双方权力地位对等公平。依法治税需要一个权责明晰的环境。同时，税务标准化要讲究效率。在再造流程过程中要仔细梳理、论证，看其是否便于执行，有无对税收工作产生负面影响，税务标准的可行性越高，工作的效率就越高。

3. 优化原则

从根本上说，税收管理信息化建设的目的是提高税收征管效率和服务质量。因此税收管理信息化建设首先应以提高税收征管效率为根本目的，以建立符合流程再造后的税收征管业务的需要，使整个税收征管系统成为提升征管质量的首要工具。同时应在信息化规划、建设和实施过程中坚持服务纳税人的原则，结合征管实际，充分发挥信息技术的优势，尽可能优化办税程序，不断地通过分析和评价标准运行效能，识别改进，持续优化服务质量，提高办税透明度和效率，应对当前税收组织工作存在的各类问题，打破条块约束和部门壁垒，做到在不断发现问题和解决问题中前进，加强资源整合与流程集成优化。

4. 全方位原则

纳税服务体系不仅包括税收征管、组织机构运行和税务人员的服务意识、业务素质、工作能力，还包括所有与征纳相关的纳税服务。应该以保证税收收入为目的，以服务好纳税人为中心，提供全方位、规范周到的服务。

5. 简化原则

按照推进简化流程、统一规范、优化服务的要求，对工作内容和步骤简化，把相同特质的税收流程整理归纳，提供更加便捷的税收服务。

6. 规范原则

要使税收工作从大到小、方方面面都做到规定明确、有章可循，就要求对税务工作中从受理到处理的过程严格进行规范，减少工作中的自由裁量度和随意性，防止税收工作过程中的随意性和权力滥用。

7. 信息化原则

坚持信息化是解决税收征管问题的关键，是税收征管改革的支撑，真正通过信息化提高税收征管改革的效能。信息技术建设是税务标准化的重要组成部分。紧紧围绕税收现代化要求，深化信息技术应用，持续推进税务标准化建设，提高税法遵从度和纳税人满意度，降低税收流失率和征纳成本，实现税收工作新跨越。

8. 适中性原则

紧密结合税收征管环境要求和自身信息化运用水平，在进行深入调研和论证的基础上，将标准制定得恰到好处，不偏不倚，不高不低，尽可能地优化和适用。

二、税务标准化的特点

（一）规范化

税收现代化建设是一项整体性、系统性极强的工作，因此必须进行统一规划,对税收活动制定统一的标准规范战略,使税收事项形成一个统一协调的整体,从根本上改变税收现代化建设中缺乏统一规划、自成体系、功能交叉、条块分割、信息不能共享的状况。只有形成规范化,才能把大家的意志统一起来形成合力。比如对部分政策的执行出现差异性理解时,标准化能很好地解决这类问题。通过标准化管理,人员素质和工作质量都得到整体提升。

（二）统一化

税务标准化是既能满足国家依法治税的要求,又能够有效保障提升税收工作质效的活动。为达到税收工作质效的最大化,消除多样化规章制度造成的混乱,必须建立一套统一的、规范的、系统的、严密的、科学的、高效的标准。从形式来看是要创建好的标准,从实体来看是要执行和实施好标准。

（三）制度化

税务标准实施的核心是统一规范的税收工作流程。将税收活动细分、细化每一项管理活动的工作目标,制定工作标准,明确岗位责任和质量要求,形成一系列税收管理工作标准,规范纳税服务与税收征管活动。统一的税务标准应包括业务事项描述、操作规程、工作要求、质量控制等几项内容,并满足以下要求：

1. 所有税务事项坚持依法依规,以国家税收法律法规和国家税务总局制定的规范性文件为政策依据,将税收法律法规条文细化为可操作的流程、环节和文书。

2. 明确所有征管事项的实体性和程序性要求及标准,以标准化规范税务机关履行职能。

3. 优化整合表证单书,简化工作程序,把每一业务事项按照节点有机串联起来,做到精简、高效。

4. 使各项税收业务便于操作、便于执行、便于落实,力求使用简单、脉络清晰、示范直观、提示明确。

5. 税务标准还应考虑各地实际,在业务事项描述中融合税制改革内容,实现对税收创新业务的引领和兼容。

（四）流程化

流程化是流程管理理念在税收工作中的实际应用。税务标准流程化是将所有的税收活动都视为一个流程,注重税收活动的连续性,以全流程的观点来打破部门本位主义的工作方式,通过部门分工合作,共同追求流程的绩效,来对税务管理工作进行流程再造。按照流程承担相应节点的目标功能作用要求,确立税务事项的流程规范,并通过流程规范来协调关系,规范税收行为。税务事项的每一个步骤和每一个环节要做什么、不做什么、要达到什么目标要求和工作质量,都由流程控制,做出符合法律法规的限定。

(五)痕迹化

税务标准就是要在建立统一的、规范化的流程基础上,依托现代信息技术,逐步实现税收活动过程的痕迹化。通过痕迹化,拓展规范化、统一化、流程化的运行效果。一是逐步提高税务干部痕迹化管理的意识、水平和能力,持续提升税收管理的法治化水平防控风险;二是为推行和实施绩效管理提供支撑,大幅提升税务系统的数字化管理水平。

三、税务标准化的实现方式

随着国家经济由高速增长向中高速增长转变,税收管理由传统的粗放式、松散型以及管理员制度向现代的精细化、专业化、信息化以及分级分类和团队管理模式转变,国务院简政放权、转变政府职能的进程不断深入,税收执法由重实体、轻程序向实体与程序并重、风险导向、全程质量监控转变,纳税服务由以前重管理轻服务的单一方式向优流程、简程序、高效率、规范化、多元化、个性化方面转变,税收工作面临着从理念、行为到制度以及体制转变,要继续保持税收收入平稳增长,为国家经济和社会发展提供强大的财力保障,税收征管能力、传统税收征管方式、纳税服务理念、纳税服务模式和通过制定规范性文件实施税收管理的传统方式面临新挑战。实施税务标准化是税务机关适应新常态、应对新挑战,破解难题、缩小差距可供借鉴的路径选择。

(一)推行税务标准化的方式

1. 以梳理涉税事项重造流程为重点建立标准化框架

借鉴税收现代化理念,建立与税收现代化相匹配的税务标准化架构,按照具体涉税事项逐项建立标准,然后再按照合理配置征管资源的需要建立科学的岗责标准,即通过税务标准建立因事设岗、因事设人、人事结合的新人力资源配置体系。也就是说，不论是税收实务还是后勤保障实务均打破过去以部门为单位建立岗责的传统做法，而是紧紧围绕涉税事项，由各地在标准化的框架内依托具体标准将层级应对原则、动态调整原则、优势定位原则、系统规划原则贯彻于日常的人力资源配置中，合理调整管理层次和拓展管理层面，增强不同部门之间组合的可能性和协同性，推动税收管理方式同经济社会发展相适应，持续提升税收管理的运行绩效，实现税收工作的集中管理、快速部署、动态扩展、有效监控。

2. 以创新思想理念为导向推进税务标准化实施

以税务标准化建设为载体，科学有机地将依法行政、公平正义、信息管税、税法遵从、风险管理和绩效管理等现代税收管理理念融入、贯穿于税收工作的全过程，做到统筹实施、协同发展、形成合力，真正创新税收管理方式和提高治税能力，切实解决现代税收管理理念自成体系、各自为政的问题。

3. 以发展税收为目标推进税收管理建设贯彻税务标准化理念

大力加强信息资源整合，实现信息共享，通过一体化的规划设计，统一征管数据的标准和口径，实现税收信息技术的统一集中，支持全国统一执法，实现征管数据实时监控。

4. 以规范流程为手段推进税收管理和服务能力建设

税务标准化的重要意义是改进税务事项、过程和服务的适用性，防止功能重复交叉，促进部门合作。通过优化流程，实现业务信息的集中监控、分级管理，建立健全科学的征管、服务、组织和信息体系，保障税收业务连续性，全面提升工作能力与质效，实现可行、可用、可靠的标准体系。

（二）税务标准化的常用形式

税务标准化形式有优效化、统一化、通用化、系列化四种。

1. 优效化

优效化是指在税务工作范围内优化、缩减税收事项的类型数目，使之在既定时间内足以满足税收工作需要的标准化形式。

2. 统一化

统一化是把税收工作中两种以上的表现形态归并为一种或限定在一个税务活动范围内的标准化形式。统一化的概念与优效化的概念是有区别的，前者着眼于取得一致，即从个性中提炼共性；后者肯定某些个性同时并存，着眼于精练。

3. 通用化

通用化是指在互相独立的税务系统中，选择和确定具有功能互换性的子系统或功能单元的标准化形式。通用化是以互换性为前提的。通用化的目的是最大限度地扩大同一税务事项的使用范围，从而最大限度地减少税务事项过程中的重复劳动。通用化的实施应从标准设计时开始，这是通用化的一个重要指导思想。

4. 系列化

系列化通常是指税收业务系列化，它是对税收业务中的一类事项同时进行标准化的一种形式。系列化是使税收业务的结构优化、功能最佳的标准化形式。系列化是标准化的高级形式，是标准化高度发展的产物，是标准化走向成熟的标志。

第三节 推进税务标准化的必要性

一、税收工作的现状

（一）我国税收征管的发展阶段

税收是国家财政收入的主要来源，税收工作与经济、社会、法治等领域紧密相关。随着经济全球化深入发展，税收的工作对象、手段、主体发生明显变化，跨国、跨地区经营的大企业集团不断涌现，纳税人数量迅猛增长，业务创新层出不穷，税源流动性显著增强；世界科技进步日新月异，信息技术在税收工作中的应用将更加广泛深入。党的十八大以来，随着税制改革的不断深入，加快推进税收征管现代化的要求也更为迫切。税务部门需要创新理念和机制，逐步建立优质便捷的服务体系、科学严密的征管体系、稳固强大的信息体系和高效清廉的组织体系。对标党的十九大报告中明确的两个百年目标，税务部门需要围绕党中央、国务院的战略部署安排和《"十三五"时期税收发展规划》，持续推进"六大体系"建设，到2020年全面完成深化税收征管体制改革任务,更加充分有效地发挥税收职能作用,建立现代化的税收体系。因此,如何加强战略思维,借鉴国际经验,着力探索内在规律,创新税源管理模式,提高税收征管效能,是当前税务机关急需解决的现实任务。

改革开放后,我国税务机构经历了从一套税务机构,到国地税分设,再到国地税合并的过程。2015年12月中央印发的深化国税、地税征管体制改革方案,第一次从国家治理的高度阐述税收作用并做出部署,开启1994年分税制后最为宏大的一场税收征管改革。2018年,党的十九届三中全会审议通过的《中共中央关于深化党和国家机构改革的决定》《深化党和国家机构改革方案》和第十三届全国人民代表大会第一次会议批准的《国务院机构改革方案》明确"将省级和省级以下国税地税机构合并,具体承担所辖区域内的各项税收、非税收入征管等职责;将基本养老保险费、基本医疗保险费、失业保险费等各项社会保险费交由税务部门统一征收;国税地税机构合并后,实行以国家税务总局为主与省(区、市)人民政府双重领导管理体制"。

我国税收征管模式经历了税收专管员、"征、管、查"三分离、税收管理员制度、"信息管税+专业化管理"和现在推行的税收管理现代化五个阶段。第一阶段(1949—1997年)实行的是税收专管员上门收税的制度,沿用了长达48年之久。第二阶段(1997—2004年)开始实行"以纳税申报和优化服务为基础,以计算机网络为依托,集中征收,重点稽查"的"三十字"税收征管新模式。第三阶段(2004—2007年),税收管理者们认识到了税收管理的目的是实现纳税遵从,而加强税源管理是实现纳税遵从的有效手段。第四阶段(2008—2013年),税收征管模式进入了强调信息管税和税源专业化管理的新阶段。第五阶段(2013年后),2013年年底,国家税务总局局长王军提出以科技创新推进税收管理现代化,具体来说就是以科技创新为驱动,以优化纳税服务为基础,以推进信息共享为抓手,促进管理理念、管理方式和人力资源配置的变革与创新,使税收征管工作转型升级,实现现代化。2018年王军局长提出税务部门不仅要持续推进税收现代化,而且要高质量推进新时代税收现代化。就是注重求新,不断丰富、充实、拓展税收现代化"六大体系"的内涵,做到与时俱进;注重平衡,着力解决工作标准不够统一和地区间工作进度与水平不够平衡的问题;注重解决质和效不高的问题,努力实现功能最优化。

（二）当前税收工作发展的需求

当前，在经济社会处在深刻变革、攻坚克难的关键时期，转变职能调整结构的任务十分繁重，税务部门面临新的机遇和挑战。简政放权、放管结合、优化服务要求税务机关为纳税人提供更加优质的服务；实施税制改革和推进征管改革衍生出更多的服务需求；信息技术的飞速发展和应用影响着纳税人的使用需求。在经济发展的新常态下，纳税服务重点需要做出相应调整，纳税人对纳税服务的完善和提升有着更迫切的要求。

1. 经济转型升级的需求

随着宏观调控方式的转变和经济转型升级，税源状况日益复杂。隐蔽性和流动性越来越强，税收征管面临更直接、更繁多的矛盾和问题，税收管理和服务方式必然需要升级换代或转型升级。需要不断完善统一不同渠道的业务办理流程、运行支撑、质量监控等内容，才能持续提升纳税服务质量。

2. 税收新常态的需求

现代税制的选择要与国家治理现代化目标相匹配。税制改革不仅要有税收专业知识支撑，还得看是否在法律框架内按照规范的程序进行专业决策，这是税收新常态的一种表现。税收新常态下，税收制度的选择、税收政策的运用、税务机关的行为都会有更多的约束，纳税服务会更有效率更加贴心，税收在国家治理中的作用将得到更充分的发挥。

3. 纳税人在社会发展新形势下的需求

在服务大局上，如何顺应纳税人的新诉求和新期待，充分运用信息技术，多元化制定纳税服务方式，积极构建便捷高效的服务机制，需要一套导向与遵从统一、流程与质量统一、公平公正的纳税服务标准来处理好经济与税收、调控与聚财、征收与管理的关系。

4. 降低征纳成本的需求

面对税收征管和组织管理成本的增加，如何按照税务机关行政事务管理活动的计划和目标，科学、合理地划分各个税务机关事务管理层次，建立职能部门和通畅、协调的信息传输渠道，明确工作岗位，合理配备符合工作要求的人员，建立标准统一的考核、培训制度和奖惩激励机制是当务之急。

5. 内外部管理步伐一致的需求

税务机关行政事务管理活动如何有效地综合协调上下、内外关系，使单位之间、部门之间、人员之间、环节之间、岗位之间和谐统一、步调一致、协调运转、同步共进,使税务机关行政管理各职能机构和管理人员的工作相互配合、互为补充、通力合作,如何更好地适应现代化总目标的要求,这也是当前需要考虑的问题。

6. 机构与业务合理配置的需求

当前税务组织机构的设置还没有完全达到与税收活动的流程相一致,存在内部效应外部化的转化不到位,造成业务管理节点繁杂、衔接不清、重复脱节、责任不明现象,导致对税收征管和纳税服务中出现管理链条缺位,内外部的管理没有达到效率的最大化。

7. 绩效运用的需求

如何评价和检查税务机关行政事务活动开展的效率和效果,重点在于有无一套规范统一的标准来分析管理效果是否与既定规划目标相一致,是否与税务机关的地位、职能、形象相匹配;同时,利用标准对行政事务管理活动过程进行评价、检测、考核和控制,发现偏离目标、行动迟缓或效果不佳时及时予以纠正。

8. 税务干部信息化素质的需求

随着互联网、移动互联网、云计算、虚拟化等新技术不断涌现,信息技术应用已成为实现税收战略的重要保障,在税收管理活动中承担着越来越重要的使命,这既要有一批精通信息技术的专业人才,也需要具备高水平信息化应用能力的税务干部。工作质量和效率的提高只是信息化发展的初级阶段,当信息化建设发展到一定阶段,会引起税收资源、机制、权力的重新分配,这将大大提升税收现代化进程,只有实现技术创新与管理创新相结合,以信息技术强化管理效果,以规范管理提升信息技术运用水平,只有思想的解放,量变才能提升到质变。

9. 税收管理信息化的需求

多年来,我国一直对税务信息建设存在高估计低运用的情况,忽视了经济发展和税收征管改革的推进,没有把深化税收征管改革、提升工作效率、规范与监督考虑到税务信息化建设中去,导致信息化建设跟不上征管体制的转变。随着纳税人数量的不断增加,纳税规模的不断扩大,征管资源不足的问题将更加突出,现有的征管模式也面临着诸多矛盾和问题,必须实现从以"人盯户、票管税"为主要特征的传统管理方式,向以信息化支撑的风险管理为核心的现代管理方式转变。

在对涉税信息的采集、分析、利用过程中,既要充分利用现代信息技术手段,加强业务与技术的融合,还需要树立税收风险管理理念,优化资源配置,健全税收管理体系。税务信息技术的落脚点是加强税源管理,提高税收征管水平,进而提高纳税遵从度和税收征收率。因此科学地制定岗位与业务之间的工作流程,并实施相关的质量追踪和监控是税务信息建设实践的重点。

10. 数据大集中的需求

征管基础数据采集无标准、准确性不足,涉税信息来源单一,征纳双方信息不对称,导致税务机关对纳税人真实经营情况难以掌握全面和准确。另外,与外部门信息共享不足,大量有效信息未被有效提取利用。随着税收信息化建设的推进,总局和各地区基于不同硬件、不同环境自行开发的特色软件繁多,但多数系统自成体系,标准不一、结构不一、接口不一,造成功能交叉、数据冗杂,共享和利用率不高。

数据大集中有效提升了税收管理水平和工作效率,提供了更为科学的数据分析和辅助决策能力,这为税收征管带来高效能的同时,也对信息系统运行维护提出了更高要求,必须建立健全安全稳定的系统运行机制,努力构建快速响应的信息服务平台,有效保障税收业务连续性。以信息技术推进税收现代化建设,既要实现纳税人办税的便捷化、简约化,减少办税成本,提高办税效率,还要实现税收征管的集约化、规范化,减少征税成本,提高征管质量。

11. "互联网+"的需求

互联网速度快、传播广的特点有利于税务部门在最短的时间内接触最多的纳税人,税务部门可以通过信息技术对纳税人海量的信息反馈进行分类整理优化,将纳税人群体逐步细分,提出切合纳税人实际情况的咨询辅导建议。税务部门可以设置纳税人需求收集平台并设置一定的激励措施,对提出有效需求的纳税人进行奖励,充分调动纳税人的积极性,尽可能多地收集涉税需求。

12. 税务信息安全的需求

随着互联网的飞速发展,网络信息安全问题日益突出,如何加强网络与信息安全管理,防范计算机病毒、计算机黑客、有害信息入侵、网络知识产权侵权行为等种种安全风险,也成为加强税收信息化建设的迫切要求。

二、税收工作存在的主要问题及困难

（一）经济高速发展给税收征管带来新压力

我国经济发展已进入新常态，已由高速增长阶段转向高质量发展阶段。当前市场主体数量快速增长，跨区域综合性的大型企业集团不断增多，新型商业模式不断涌现，税源的流动性、隐蔽性、复杂性不断增强，税源信息不对称问题突出，同时政府与市场边际的进一步厘清、税收征管体制改革等一系列外部环境的改变与内部因素的变化对转变税收征管方式、创新和规范税收管理带来新压力。

（二）"放管服"改革对纳税服务提出新要求

优化税收环境、减轻纳税人负担、提升税收治理能力、营造稳定公平透明和可预期的营商环境已成为当前税务系统征管体制改革的重要任务，是转变职能、发挥税收作用的关键所在，对实现税收现代化具有十分重要的意义。继续加大简政放权力度，推进办税便利化改革，创新事中事后监管方式，充分释放税收信息化潜能，是当前全面深化改革的新形势新要求，是广大纳税人和基层税务干部的期盼。

（三）信息化发展给税收征管带来新挑战

当前电子商务、网络平台、微商等新业态、新商业模式给传统税收征管模式带来挑战，同时，不断升级的信息化管理、智能化技术对税收管理提出新要求。只有通过完善涉税信息分析处理机制，健全数据治理理念，才能不断提高税收数据的集成率、分析率、利用率，达到信息化建设与税收管理的高度聚合，促进纳税人的纳税遵从度提升。制定与信息化发展相匹配的统筹规划、管理制度和涉税数据的采集、分析、监控、整理标准，形成一套严密、可用的数据信息和涉税信息管理标准，为行政管理、税收执法、纳税服务等体系作支撑，已成为当前税务系统信息化建设亟待解决的问题。

三、税务标准化的现状

2010年6月24日，国家税务总局制定了《税务行业标准管理办法（试行)》，将税务行业标准分为税务业务标准和税务技术标准。税务业务标准指税务管理工作中的岗责、流程、操作规范及相关保障等标准规范；税务技术标准指涉及税务信息基础设施、信息系统的建设和管理等标准规范。税务行业标准化管理主要包括税务行业标准的立项、制定（修订）、审批、发布、实施和复审等。国家税务总局征管和科技发展司是税务行业标准主管部门，负责统一管理税务行业标准。近年来，国家税务总局陆续发布了《税务信息分类与代码集》《税务行业标准的结构和编写规则》《纳税人识别号代码标准》《税务系统数字证书格式标准》《发票种类代码标准》《税收纸质表证单书种类代码标准》《车船税税目代码标准》《环境保护税征收业务代码标准》《税务机构代码标准》《税务人员代码标准》等税务行业标准。

2014 年，我国纳税服务标准化、制度体系规范化建设大幕开启。2014 年10 月 1 日，全国县级税务机关开始试行《全国税务机关纳税服务规范》（以下简称《纳税服务规范》）。《纳税服务规范》全面贯彻国务院转变职能、简政放权的要求，科学把握税收现代化的发展方向，借鉴国际纳税服务有效做法，参考我国服务行业标准体系，以我国现行税收法律法规为依据，系统总结"十二五"以来我国纳税服务的实践经验，对规范县级税务机关纳税服务工作，提高纳税人满意度和税法遵从度，树立税务部门良好形象具有重要意义。《纳税服务规范》立足税务部门的前台服务，以纳税人依申请的服务事项为主，适当兼顾税务部门依职权进行服务和管理的事项，还包括服务场所、服务方式、服务用语等文明服务事项，体现了以纳税人为中心、视纳税人为客户的服务理念。到 2017 年，《纳税服务规范》经过 1.0 版、2.0 版、2.3 版的升级改造，实现"服务一把尺子、办税一个标准"。

2015 年 2 月 1 日，全国推行《全国税务机关出口退（免）税管理工作规范（1.0 版）》（以下简称《出口退（免）税规范（1.0 版）》），规范各级税务机关岗位权限、办理流程时限、审核审批要点，通过规范管理有效防控出口退税风险。2016 年 1 月，《出口退（免）税规范（1.0 版）》升级为1.1 版；2018 年 5 月，为深入贯彻落实税务系统"放管服"改革精神，优化出口企业营商环境，防范和打击骗取出口退税违法行为，国家税务总局升级完善后发布《出口退（免）税规范（2.0 版）》。《出口退（免）税规范（2.0 版）》以岗位职责为主线，优化了规范体例，涵盖下放审批权限、实施分类管理、简化人工审核程序、精简退税流程、减少报送资料、简并表证单书、优化退税服务、规范管理流程、强化风险防范等多项便民服务措施,同时,充分利用信息化手段加大了信息管税和风险管理的力度,强化了事中事后管理,对打击出口骗税、纳税服务提升、支持我国外贸发展具有重要现实意义。

2015年7月1日,为在新形势下推动国家税务局、地方税务局之间的合作,国家税务总局制定了《国家税务局 地方税务局合作工作规范(1.0版)》,进一步明确合作事项,规范合作行为,实现合作的规范化、制度化。为不断解决新形势下基层税务机关面临的新问题,解决税收管理和服务中出现的新情况、新问题,《国家税务局 地方税务局合作工作规范》共经历了从1.0版、2.0版、3.0版到4.0版的升级完善。

2015年5月1日,《全国税收征管规范(1.0版)》(以下简称《征管规范(1.0版)》)正式试行。《征管规范(1.0版)》具有执行政策规范化、办理业务标准化、业务流程简约化、指导工作实用化、具体应用可扩展化等五大鲜明特点,涵盖了税收征管工作的各个方面,是规范税务机关税收征管行为的基本规定,该规范的制定和试行是税务机关全面推进税收治理体系和治理能力现代化的重要举措,是全面统一征管标准,建设科学严密的税收征管体系的重要基础。2015年11月17日,对部分内容修订完善后,国家税务总局下发了《全国税收征管规范(1.1版)》。2016年6月,为配合全面推开营业税改征增值税试点工作,贯彻落实《深化国税、地税征管体制改革方案》关于深入推行税收规范化建设的要求,总局对《全国税收征管规范(1.1版)》进行了修订,形成了《全国税收征管规范(1.2版)》,围绕全面推开营改增试点、深化行政审批制度改革、落实"三证合一"登记制度改革、落实推进办税便利化改革、提高纳税信用管理、完善税务行政复议进行了修订,认真分析了总局制定的其他规范,对征管规范加以更新完善,力求各项规范的管理要求统一。其中,在与《全国税务机关纳税服务规范》的衔接上,经修订确认,相关税务事项的报送资料、办结时限等要求一致,实现实体性和程序性要求的统一。在与《国家税务局 地方税务局合作工作规范》的衔接上,重点强调国税机关、地税机关在业务规范化办理的基础上,落实有关合作要求。在与《全国税务机关出口退(免)税管理工作规范》的衔接上,出口退(免)税业务内容严格按照相关管理要求进行修订,明确受理、审核、复审、核准、退库、发放、归档全流程各环节的操作规范。

2016年8月，国家税务总局印发《全国税务系统督察审计规范（1.0版）》，全面规范督察审计岗位职责、工作流程、操作标准、制度依据、文书档案等业务，形成了涵盖税收执法督察、内部财务审计，融实体业务和工作程序于一体的督审规范，推动了国家重大决策部署和有关政策措施的贯彻落实，更好地服务改革发展和税收工作大局。

2017年1月，《全国税务稽查规范（1.0版）》（以下简称《稽查规范（1.0版）》）发布施行。《稽查规范（1.0版）》对税务稽查工作提出程序性要求，明确了税务稽查各环节、各岗位工作的具体操作办法，具有内部性、实用性、指引性、信息化的特点。制定和实施《稽查规范（1.0版）》是推行"放管服"改革和推进税务稽查"双随机、一公开"监管的重要举措；是深入推进依法治税，规范税务稽查执法行为，统一稽查执法和管理标准，提高稽查执法质效的重要保障；是强化税务稽查内控机制，防范执法风险、廉政风险和税收流失风险的重要抓手；是构建税收协同共治，促进税法遵从和全社会共同协税护税的有效途径。各地税务标准化工作主要成果举例如表2-1所示。

表2-1　　　　　　　各地税务标准化工作主要成果举例

序号	单位	主要成果
1	国家税务总局昆明市五华区税务局（原云南省昆明市五华区国家税务局）	2015年，云南省质监局将原五华区国税局确定为省级服务业标准化试点项目，2016年7月，国家标准化管理委员会将原五华区国税局确定为全国第三批社会管理和公共服务标准化综合试点项目，这是全国税务系统首个试点单位，也是云南省行政执法部门中的首家试点单位。2017年9月19日，原五华区国税局顺利通过省级服务业标准化试点验收
2	国家税务总局楚雄市税务局（原云南省楚雄市国家税务局）	2015年，原云南省楚雄市国税局被评为第一批"云南省国税系统法治税务示范基地"。2016年，原楚雄市国税局被推荐为"全国法治税务示范基地"上报国家税务总局。2016年12月开始，原楚雄市国税局的税务标准在楚雄州税务系统推广试行
3	国家税务总局楚雄州税务局（原云南省楚雄州国家税务局）	2017年4月，云南省质监局下发《关于下达2017年度云南省地方标准制修订项目计划的通知》（云质监局函〔2017〕84号），将原云南省楚雄州国税局主持制订的《税务登记服务规范》纳入云南省地方标准制修订项目计划，目前《税务登记服务规范》正在进入最后公示阶段

续表

序号	单位	主要成果
4	国家税务总局海南省税务局（原海南省国家税务局）	2014年，原海南省国税局以纳税人的服务需求为导向，以纳税人具体办税流程为主线，以维护纳税人合法权益和帮助纳税人更好地履行纳税义务为核心，以提升纳税人满意度、税法遵从度和税务机关公信力为目标，以信息技术和税务应用软件为依托，在全面梳理纳税人纳税服务需求的基础上，构建包含所有办税事项、涵盖办税全过程和各环节的海南国税纳税服务标准化体系，推进纳税服务流程化、规范化、标准化，不断提升纳税服务水平。具体服务业务标准涵盖了税法宣传、办税培训、纳税咨询、办理登记、开具证明、提供发票、受理申报、划缴税款、协议磋商、权益维护、税务告知、风险提醒、教育警戒等13类338项
5	国家税务总局邵阳市税务局（原湖南省邵阳市国家税务局）	2017年，原湖南省邵阳市国税局将基层标准化建设放到全面从严治党和促进税收事业长远发展的全局中来谋划，以基层党建、内部管理、办税服务、环境建设为重点，创新编印《基层税务分局标准化建设手册》作为工作指引，全面推行基层分局标准化建设。其中"办税服务要素"板块，从文明办税、优质办税两方面着手，对办税人员着装规范、仪容举止、服务纪律、导税服务、提醒服务等多项标准做出了严格规范
6	国家税务总局深圳市税务局（原深圳市地方税务局）	2017年，原深圳市地税局将标准化建设作为重点工作，从改革实践中不断提炼工作制度、流程及评价规则，并借助信息化手段进行过程管理，通过开展标准化建设，不断深化管事模式改革，进一步提升税收征管质效和优化纳税服务，打造优质高效的营商环境。组织500余个税务科所、1600余名税务人员参与标准化建设，组织讨论近2000场，通过深入调研、主动思考、强化认识，建设了切实满足纳税人需求的征管规程、业务操作中亟待明确的税政指引和基层工作人员实施检查工作急需的执法标准，其中，原深圳市地税局牵头建设税收征管业务标准399项，基层结合自身需求选定的标准化建设内容共207项。建立了覆盖风险识别、任务推送、风险应对、反馈评价等风险管理环节的工作标准22项

从我国税务标准化建设的发展状况可以看出，有关标准化在税务领域的认识和应用，我国仍处于探索阶段，主要是对纳税服务、信息技术等专项领域的标准化实践经验进行归纳和总结，全国各地发展水平参差不齐。我国对标准化在税务管理领域还没有全面、系统的理论，尤其缺乏对标准化在税收现代化建设中的战略作用的理论研究。

四、以税务标准化推进税收现代化

(一) 税收现代化

1. 现代化的含义

什么是现代化,学术界至今没有一致的看法,但是不同定义中对"现代化作为客观事实的概括,指的是人类社会在现代所发生的巨大变化"的认识又是一致的。也就是说,现代化作为概念,既有时间的含义,又有变化的含义;现代化作为过程,也是既有时间的特征又有变化的特征。

罗荣渠先生指出,"现代化"这个概念是用来概括人类近期发展进程中社会急剧转变的总的动态新名词。他把现代化分为广义和狭义:"广义而言,现代化作为一个世界性的历史过程,是指人类社会从工业革命以来经历的一场急剧变革,这一变革以工业化为推动力,导致传统的农业社会向现代工业社会的全球性的大转变过程,它使工业主义渗透到经济、政治、文化、思想各个领域,引起深刻的相应变化;狭义而言,现代化又不是一个自然的社会演变过程,它是落后国家采取高效率的途径(其中包括可利用的传统因素),通过有计划的经济技术改造和学习世界先进,带动广泛的社会变革,以迅速赶上先进工业国和适应现代世界环境的发展过程。"

马克斯·韦伯则认为:就一个社会的理性化(现代化)而言,它包括人的理性化、经济组织的理性化、行政与法律的理性化、科学和技术的发展等不同的层面。理性化在各个方面的展开,构成了现代化的整体过程。

根据马克思唯物史观的观点,社会结构是由政治、经济和文化三大"板块"构成的。制度则是人类在经济、政治和文化生活中不可或缺的"规范性维度"。也就是说,制度规范像人的神经系统一样渗透在经济、政治和文化的意识形态中。因此,从唯物史观的观点看,现代化是由经济现代化、政治现代化、文化现代化和制度现代化构成的"四位一体"的整体结构。

我国于20世纪70年代,提出了实现"四个现代化"的目标。对现代化的认识,我国也经历了从"一化"(物质现代化)到"四化"(经济、政治、文化和制度现代化),再到"五化"(经济、政治、文化、社会和制度现代化)的过程。胡锦涛同志在《在庆祝中国共产党成立90周年大会上的讲话》中指出:"我们推进社会主义制度自我完善和发展,在经济、政治、文化、社会等各个领域形成一整套相互衔接、相互联系的制度体系。"该段论述有两层含义:一是我国的现代化是由经济现代化、政治现代化、文化现代化、社会现代化和制度现代化构成的;二是明确指出了制度现代化在现代化整体结构中所处的独特地位。

因此,无论是外国学者还是国内学者,也无论是外国的社会现代化实践还是我国的社会现代化实践均说明,现代化是一个内涵非常丰富的概念,是一个多层面、多个角度的进程,它涉及人类思想和行为的所有领域的变革。现代化是一种文明变化,满足下列三个标准的文明变化才属于现代化:一是先进生产力标准,有利于生产力的解放和提高,又不破坏自然环境;二是社会进步标准,有利于社会的公平和进度,又不妨碍经济发展;三是人类发展标准,有利于人的解放和全面发展,又不损害社会和谐。

2. 现代化的主要特征

根据现代化的进程,分析总结各阶段的共性特征,当前和今后一段时期现代化的主要特征为:

(1) 法治化

人类社会发展进化的过程,从某种意义上说,就是一个由传统的非法治社会向现代法治社会转化的过程。因此,法治化是人类社会实现现代化的最基本的特征,是社会管理的基本方略,是建立公开、公平、公正的社会秩序,追求最大限度的社会公平,是实现公共利益的最大化与治理效能的最优化的根本途径。

(2) 知识化

所谓知识化,是指社会经济的发展,从以物质与能源为经济结构的重心,向以知识为经济结构的重心转变的过程。在以知识化文明为特征的新型人类文明形态中,知识资源是引领发展的主要因素,是社会进步的轴心,知识生产和知识创新水平成为决定国家和社会可持续发展的关键因素。因此,没有知识化就没有现代化。

(3) 信息化

现代化的一个判断标准就是生产力的解放和提高。而信息作为人类生存和发展的三大基本资源之一,将创建人类社会有史以来最先进最发达的生产力,使劳动者在体力上和智力上都获得充分的解放。因此,信息化已经成为现代化的重要标志,成为新世纪现代化建设的必由之路。

(4) 全球化

全球化已经成为一股世界潮流,各个国家无论国家强弱、社会制度和文化背景如何,都将无可选择地置身其中,迎接它的挑战,接受它的洗礼。从现代化史来看,全球化是现代化的当代形式,现代化是全球化的内在规定。因此,全球化是现代化的必然结果。

(5) 科学化

现代化的判断标准之三是有利于人的解放和全面发展,又不损害社会和谐。社会现代化的进程必须遵循自然规律,必须遵循经济规律,从而注重经济、政治、文化、社会以及生态等各方面的均衡发展,实现人与自然和谐发展。因此,科学化是现代化的重要特征。

3. 税收现代化的内涵

国家税务总局提出高质量推进新时代税收现代化的目标。对于税收现代化,以美国为代表的西方发达国家学者认为:税收现代化是以管理、服务、技术手段的现代化为依托的,以人的现代化为决定性因素的,与经济社会发展阶段相适应的税收管理状态。国内部分学者认为:税收现代化是以依法治税、依法行政为基础,通过更新管理观念、创新管理机制、优化管理模式、完善管理手段、提高人员素质等路径,实现与经济社会发展阶段相适应的科学化、规范化、程序化、信息化等现代化特征的税收管理状态。

税收现代化是在一定历史条件下的现代化,是相对于传统而言的现代化,是生产力发展到一定水平条件下的税收管理状态。也就是说,适应经济社会现代化发展形势,借鉴国际成功经验,以先进的税收管理理念指导顶层设计和基层实践,依靠管理制度、流程、技术、手段、人力的现代化,突出标准和规范的基本要求,从而不断推进税收治理能力的现代化,并通过持续努力,逐步使税收管理体系与社会整体现代化及其他社会结构体系现代化相协调,满足现代社会所赋予税收新的定位和新的职能需要。

税收现代化也是一种文明变化,满足下列三个标准的税收文明变化才属于现代化:

一是先进的治税理念,即税收法律在税收管理体系中处于至上地位,以法定主义为内容的现代法治原则成为税收管理体系的灵魂,税收法律制度成为税收管理体系的核心机制。

二是科学的管理方式,即根据现代税收管理的内在规律和国际通行做法,建立完备规范的税法体系、成熟定型的税制体系、优质便捷的服务体系、科学严密的征管体系、稳固强大的信息体系、高效清廉的组织体系。

三是高效的治税效能，即实现税收管理体系运行的整体效能与社会整体对税收管理功能需求之间的高度重合，实现单位税收征收成本效益最大化和纳税人单位办税成本效益最大化。

4. 税收现代化的主要特征

从我国实现税收现代化历程可以看出，除了具备现代化的法治化、知识化、信息化、全球化、科学化五大特征之外，还具有以下特征：

（1）集约化

集约是相对粗放而言，税收集约化管理是以效益（社会效益和征管效能）为根本对税收征管资源进行合理集中、科学重组、统一配置，实现以最小的成本获得最大的效益。该特征是税收现代化的必然要求。

（2）专业化

专业化的核心就是分工，分工就是流程设计和职能优化。税收专业化管理是社会发展专业化进程与税收征管职能专业化相适应的产物，是提高税法遵从度和纳税人满意度、降低税收流失率和征纳成本的必由之路。通过专业化建立和完善纵向互动机制、横向联动机制、外部协作机制和综合管理机制，形成一个既相互独立又相互制约的整体，是税收现代化的根本要求。

（3）协同化

税收现代化的判断标准之一就是高效的治税效能。要实现税收管理体系运行的整体效能与社会整体对税收管理功能需求之间的高度重合，就必须实现税收业务的协同、实现信息系统的协同、实现内外部的协同、实现人与物的协同等全方位、全系统的协同。因此，协同化是税收现代化必不可少的特征。

（4）社会化

社会化是税收征管制度发展的外在表现形式之一。税收征管社会化不但是现代税收的重要特征之一，而且是政府公共管理社会化的重要内容之一，同时它还标志着税收进入了现代化。因此，要实现税收现代化就必须实现税收征管社会化。

税收现代化的几个特征中，法治化是核心特征，没有实现税收法治现代化，就没有实现真正意义上的税收现代化。而法治化的关键就是一切税收行为均贯彻税收法定主义原则，做到依法治税、依法征税，最大限度体现标准和规范。

(二) 标准化与税收现代化的关系

1. 税务标准化是推进税收现代化的基础和必要条件

将标准化管理的理念、原则、方法应用到税务管理过程中，从职责、流程、内控、绩效、廉政、改进、质量、效益等方面，建立税务标准化体系，有利于以标准更新管理观念、创新管理机制、优化管理方式、完善管理手段、提高人员素质，从而推动税收工作整体效能发挥；有利于达到法治化、知识化、信息化、全球化、科学化、集约化、专业化、协同化、社会化等现代化特征的税收管理状态；有利于使税收管理体系与社会整体现代化及其他社会结构体系现代化相协调，满足现代社会所赋予税收新的定位和新的职能需要。

(1) 税务标准化是全面推进国家税收治理能力现代化的重要路径。

税收法治化是税收现代化的核心特征，税收法治建设是实现税收现代化的根本保障，构建法治秩序是国家税收治理能力现代化的必由之路。然而，推进税收法治化的有效路径就是税务标准化。在税收工作中引入标准化管理，组织建立并实施覆盖税收工作全过程的标准体系，对税收相关方的行为进行规范、约束和管控，使税收征纳各相关方的需求得到有效满足，建立税收征纳活动的最佳秩序，获取最佳的共同效益。一是通过税务标准化建设，建立税收法律法规、税收标准和税收实践的闭环机制，最大限度地实现税收法律法规效率与税收实践效率的协同。尤其是通过标准这个桥梁使税收法律法规的科学性、统一性、协调性和可操作性得到强化，增强税收法律法规的公众认可度和遵从度，建立良好的税收法治秩序，全面推进法治型税务机关建设。二是通过税务标准化建设，科学厘清征纳权责，进一步简政放权，最大限度地减少税务机关对纳税人的非法干预，以标准促服务、以标准促遵从，全面推进服务型税务机关建设。三是通过税务标准化建设，进一步优化职能配置、工作流程，完善决策权、执行权、监督权既相互制约又相互协调的税务行政运行机制，全面推进廉洁型税务机关建设。四是通过税务标准化建设，依托具体标准合理调整管理层次和拓展管理层面，增强内外部之间协作的可能性和协同性，全面创新税收管理方式，充分发挥社会力量在税收治理体系中的作用，全面推进效能型税务机关建设。

(2) 税务标准化是系统推行税收管理理念现代化的重要基石。

要实现税收现代化，就必须全面践行现代化的税收管理理念。目前，我国主要践行的现代税收管理理念为纳税遵从、风险管理、质量管理、信息管税、绩效管理等，并在很大程度上促进了征税效能的提高，但是先进理念之间的协同性和系统性还有待加强。因此，在税收实践中有效解决现代化税收管理理念的协同性和系统性，成为推进税收现代化建设的关键。科学管理的创始人泰勒在论述科学管理的机制时指出："使所有专业化工具、设备以及工人做各种工作时的每一个操作都达到标准化"。由此可见，他把标准化当作实现科学管理的主要基础。一是现代税收管理理念均与标准化的关系密不可分，通过税务标准化我们可以将纳税遵从、风险管理、质量管理、信息管税、绩效管理等理念有机、系统地融合为一体，并通过标准这个载体将各种现代税收管理理念贯穿于税收工作的全过程，真正提高各理念的协同运行效率。比如，在税收实践中，将原本条款型的税收法律法规通过标准化的工作原理表现出来，有效解决法律法规与税收实践的脱节问题，充分发挥其桥梁纽带作用，有利于征纳双方理解和遵从。同时，将全体一致同意的税收标准作为制定和完善制度的基础，有利于增强税收制度的稳定性和可执行力，避免税收法律制度出现相互抵触、冲突的问题。又如，标准化与信息化是一种唇齿相依的关系。标准化体系强调以系统理论为系统设计的理论基础，它的基本理念、组织架构、业务流程、价值取向等都是从大处着眼，这就为应用系统实现逻辑化管理和数字化运行铺平了道路，使应用系统具有了技术上的先进性、协同性和兼容性。二是以税务标准化作为全面推行现代化税收管理理念的基石，有利于在统一评价基准、评价指标、评价手段的基础之上探索、创新一套以标准化为基础的现代化税收管理模式，将一个庞大的系统凝聚成协同运作和协调运行的整体，使税收工作"过程可控制、业绩可量化、风险可防范、问题可追溯、结果可预期"。首先，标准化体现的流程最优、职责最清、标准最明、衔接最佳和效率最高的要求，为科学合理设计考评指标和考评标准提供了依据；其次，由于有了明细的具体标准，使得每一个税务人员能主动根据自身岗位进行对号入座，清晰掌握自身工作应该做什么、怎么做和做到什么程度，从而有利于绩效考核部门全面实施绩效监控；最后，由于有了标准化的支撑，使得绩效管理信息系统与税收征管信息系统等应用系统实现无缝衔接，切实增强绩效管理的客观性、透明性和公正性。

(3) 税务标准化是整体推进税收信息化建设的重要保障。

从社会历史进程可以看出，标准化促成了规模化的现代工业社会。同样，在现代信息社会中，作为信息化六要素之一的标准，在信息化发展过程中发挥着举足轻重的作用。一是税务标准化能有效保障和促进涉税信息共享。税收工作所产生和需要利用的涉税信息是以海量计算的，要让涉税信息资源在全社会范围内共享，就必须在信息的采集、识别、编码、分类、存储、传递、分析等环节建立数据标准，从而促进涉税数据的标准化，加强涉税数据的交流和共享。二是税务标准化有效形成和促进税收业务协同。建立税收业务标准规范，可以保证不同税务机关的业务协同，同时也可以保证税务机关内部的业务协同，最大限度实现内外部的业务协同，以促进业务过程计算机化、自动化实施，从而推动税收信息化发展。三是税务标准化是实现税收各应用系统协同工作的基础和前提。税收应用系统是税收信息化建设的基础条件，也是信息化的"命脉"，只有在一个个独立的应用系统间构建一条条畅通无阻的"信息高速公路"，才能充分发挥信息化的整体效能。税务标准就是各个应用系统间的"连接器"和"润滑剂"，是实现税收各应用系统协同工作的基础和前提。

(4) 税务标准化是有序推进税收可持续发展的重要载体。

要实现税收现代化，就必须推进税收可持续发展。也就是说，税收现代化的进程必须遵循自然规律，必须遵循经济规律，从而注重经济、政治、文化、社会以及生态等各方面的均衡发展，实现税收与政治和谐发展、税收与经济和谐发展、税收与社会和谐发展、税收与生态和谐发展。一是通过建立科学的税收征管能力评价标准，淡化"任务治税"，防止税务机关征收能力的滥用，实现经济速度增长和经济质量提高基础上的税收收入的持续均衡增长。二是通过建立和完善绿色税收标准，发挥税收对产业结构的调控功能，引导纳税人走可持续发展之路，实现既符合国家产业政策又能增收和培植后续税源的目的。三是通过税务标准化这个平台，全面实施税收创新驱动发展战略，使税收发展获得源源不断的动力，使税务机关获得税收治理方式的持续竞争优势。四是通过税务标准化建设，在征纳双方之间架设税法遵从的桥梁，以此降低征税成本和纳税成本，真正从经济效益角度推进税收可持续发展。罗纳德·科斯认为，由于有了社会分工，不同的组织间就会产生交易成本，如果市场机制不完善，交易成本就会升高，而企业机制的形成就是要追求降低交易成本，这样经济才更有效率。随着税收现代化进程的推进，税收专业化分工会越来越细且越来越庞大，如果不按照标准组织管理，势必增大纵向、横向之间的协调成本和管理成本，最终会导致单位征纳成本的增加，成为税收可持续发展的瓶颈。因此，只有加强税务标准建设，强化内部业务之间、内部和外部之间、业务与技术之间等相互之间的兼容性和协同性，并最大限度形成专业化优势，才能为促进可持续发展提供重要保障。五是通过税务标准化建设，增加税务人员的工作投入度和激发税务人员的工作潜能，在税收管理体系内形成促进人全面发展的独特的税收组织文化，实现人的现代化，即观念的现代化、素质的现代化、行为的现代化，从而为税收可持续发展提供人力资源保障。

（5）税务标准化是高质量推进新时代税收现代化六大体系建设的重要举措。

税收现代化六大体系，即完备规范的税法体系、成熟定型的税制体系、优质便捷的服务体系、科学严密的征管体系、稳固强大的信息体系和高效清廉的组织体系。究其六大体系的共性就是标准和规范。只有借助统一的标准和规范，才能促进各自体系的完善，增强体系之间的协同，从而实现国际通行与中国特色相统一，整体推进与重点突破相统一，继承与创新相统一。一是税务标准化可以有效地支撑完备规范的税法体系。税务标准的条款建立于经济社会活动中对重复性事物和概念客观规律认识的基础之上，应用标准化原理对"规律"进行固化而形成的税务标准，具有广泛的税收实践基础。因此，税务标准的条款为税收法律条款的形成奠定了基础，使税收法律的科学性、统一性、协调性和可操作性得到强化。同时，由税务标准构成的技术法规体系，也是国家税收法规体系的重要组成部分。二是税务标准化有利于构建成熟定型的税制体系。税务标准化一方面可在大范围内规范和统一税收的征纳行为，以对税制实施的效果进行客观验证，另一方面还可为税制评估和评价提供科学的评价手段，为建立成熟定型的税制体系奠定基础。三是税务标准化有利于建立优质便捷的服务体系。利用标准化的方法原理，建立统一和规范的纳税服务标准，以达到服务质量目标化，服务方法规范化、服务过程程序化，从而为纳税人提供优质便捷服务。四是税务标准化有利于构建科学严密的征管体系。科学适宜的税务标准体系，不但可以实现对所有管理体系的整合，更有能力通过识别不同涉税事项的关键节点，建立组织优化、过程清晰、权责明晰、科学严密的征管体系，将庞大的系统凝聚成协同运作和协调运行的整体，使征管工作实现过程可控制、业绩可量化、风险可防范、问题可追溯、结果可预期，为建立科学的绩效考核及风险防控体系提供依据。五是税务标准化有利于建立稳固强大的信息体系。通过税务标准化建设，从战略高度推进税收信息技术创新，逐步实现业务规程、硬件配置、软件开发、网络建设的一体化，在税收信息化建设整体推进上求得新突破。同时，在统一数据结构和标准的基础上，强化信息交流和共享，实现数据管理效率和质量的全面提升。六是标准化有利于建立高效清廉的组织体系。通过税务标准化建设，打破部门约束和层级限制，根据税收管理的内在规律，优化管理资源的配置，使传统封闭的机械式组织向现代开放的网络化组织方向发展。同时，可以将组织和个体的行为约束在由标准体系构建的制度框架内，减少权力寻租的空间，限制执法的自由裁量权，使权力在阳光下运行，促进政府职能向创造良好发展环境、提供优质公共服务、维护社会公平正义转变。

2. 税收现代化催化税务标准化不断发展和完善

税务标准化是由税务标准制定、税务标准实施和信息反馈等要素组成的闭环过程。税务标准是税务标准化活动的直接产物。但税务标准化的目的不是制定出多少个税务标准，而是要通过税务标准的实施在税收工作中获得最佳税收秩序和取得最大征管效能，这是税务标准化的最终结果。一旦税务标准乃至整个税务标准系统不能适应客观环境的变化，诸如税收本身发展的变化、社会经济发展的变化等，就会导致税务标准整体水平低下，直接后果就是税务标准滞后于社会经济发展的要求，滞后于税收现代化的需要，出现税务标准适用性差、先导性作用不强、税务标准化投入的增值效果不明显，甚至出现税务标准化负效应。因此，税务标准化必须同环境的变化相适应，必须坚持持续改进，从而不断保持税务标准的适应性和适用性，以适应社会经济发展等环境因素的变化，尤其是满足税收现代化的需要。一是税收现代化强调税收治理的整体性、系统性和协调性，其要求充分发挥税收治理非制度性要素的功能，坚持系统治理、依法治理、综合治理、源头治理，即治税能力现代化。因此，税收现代化为税务标准化持续改进并达到治税能力现代化的目标提供了制度催化因素。二是税收现代化将突出理念理论、体制机制、技术手段、环境文化等创新，尤其体现在对于新科学、新技术的广泛应用上，不断提高税收工作的科技含量和科学管理水平。因此，税收现代化的创新速度决定了税务标准更新的频率，从而为税务标准化持续改进并达到创新与税务标准出现同步的趋势提供了技术催化因素。三是人的现代化是税收现代化的决定性力量，也是其重要组成部分。以构建税务部门核心价值体系为引领，促进税务干部全面协调可持续发展，树立法治、责任、服务、和谐等现代理念，也必然成为税务标准化的重要组成部分。因此，人的现代化为税务标准化持续改进提供了人力催化因素。

（三）税务标准化的作用

随着经济迅猛发展，征管理念不协同、权责不分明、业务流程不科学、资源配置不合理、工作质效不佳、征纳双方信息不对称的矛盾日益突出，传统单一的税收管理方式已难以适应。通过建立税收业务规范化、工作流程协同化、征纳权责明晰化、应用系统一体化、涉税信息共享化、绩效考核科学化、外部合作全球化为主要内容的税务标准体系，充分调动税务各部门的积极性，通过流程节点梳理，使税收工作中各项要素得到确定，加强风险控管，着重解决资源配置不佳、信息不对称等问题，进一步提高税收征管质量和水平，建立起适应形势发展需要的新型工作机制，营造法治、公平、有序的税收环境。

1. 有利于规范执法

（1）依托标准化这个基础平台，科学地将依法行政、公平公正、信息管税、税法遵从、风险管理和绩效管理有机统一融入税收实践中，有利于实现税收管理方式创新，不断夯实治税能力的基础，有利于实现依法治税和依法行政，从而获得最佳征管效能。

（2）能够以纳税人的正当需求为导向，对服务的环节、要求进行统一规定，使服务更精细、服务内容及职责更加清晰，实现服务质量目标化、服务方法规范化和服务过程程序化，实现对"人""财""物""事""权"的公开化、透明化管理，提高税法遵从度，有利于税务工作的公正透明。

2. 有利于优化服务

（1）利用标准化的方法原理，建立统一和规范的纳税服务标准，以达到服务质量目标化，服务方法规范化、服务过程程序化，从而为纳税人提供优质便捷服务。

（2）通过税务标准化的实施，将原本条款型的税收法律法规通过标准化的工作原理表现出来，有效解决法律法规与税收实践的脱节问题，充分发挥其桥梁纽带作用，有利于征纳双方理解和遵从。

3. 有利于提高质效

（1）科学适宜的税务标准体系，不但可以实现对所有管理体系的整合，更有能力通过识别不同涉税事项的关键节点，建立组织优化、过程清晰、权责明晰、科学严密的征管体系，将庞大的系统凝聚成协同运作和协调运行的整体，使征管工作实现过程可控制、业绩可量化、风险可防范、问题可追溯、结果可预期，为建立科学的绩效考核及风险防控体系提供依据。

（2）将标准化管理的理念、原则、方法应用到税务管理过程中，有利于从职责、流程、内控、绩效、廉政、改进、质量、效益等方面，建立健全税务标准体系，通过制定标准、实施标准以及持续改进，不断规范征纳行为，减少人为的随意性，从而获得最佳税收秩序。

（3）以全程标准化的方式将税收征管和纳税服务工作进行量化和统一，进一步明确、细化各环节的业务活动内容、相互间的业务衔接关系、各自承担的责任以及工作的程序，能够使税务工作变得更规范、高效、顺畅，有利于提高内部管理水平。

（4）通过税务标准化建设，打破部门约束和层级限制，根据税收管理的内在规律，优化管理资源的配置，使传统封闭的机械式组织向现代开放的网络化组织方向发展。同时，可以将组织和个体的行为约束在由标准体系构建的制度框架内，减少权力寻租的空间，限制执法的自由裁量权，使权力在阳光下运行，促进政府职能向创造良好发展环境、提供优质公共服务、维护社会公平正义转变。

4. 有利于推进"互联网+"

"互联网+"作为我国经济新常态后的重要引擎，不仅会深刻影响经济运行方式、社会组织方式和人们的日常行为模式，也必将作为税务部门的基础税源、税收征管、行政执法、纳税服务、组织运行带来全方位的机遇和挑战。

（1）通过税务标准化建设，从战略高度推进税收信息技术创新，逐步实现业务规程、硬件配置、软件开发、网络建设的一体化，在税收信息化建设整体推进上求得新突破。同时，在统一数据结构和标准的基础上，强化信息交流和共享，实现数据管理效率和质量的全面提升。

（2）将信息化建设中取得的先进经验、先进技术进行简化、统一、协调和选优，用标准的形式固化，才能使过程科学、规范、清晰，真正提升信息管税的能力，有利于提升信息管税能力。

（3）"互联网+"需要规范有序、协同创新。税务系统体系庞大、层级众多，地区发展不平衡。税务标准化注重做好顶层规划，明确方向和重点，通过标准保障各项税务活动高效有序，激发税务系统上下、系统内外创新活力。

(4) 通过税务标准化建设,将促进"互联网+"不断创新、迭代发展。税务标准化是动态发展的,它涵盖了已经开展的、正在探索的和将要实施的各项工作,随着互联网应用深入的程度、应用模式的创新,将不断丰富、不断进化。

(5) 税务标准化信息体系的构建过程,就是"互联网+税务"的过程。推行"互联网+税务"要有新思维、新思路、新办法,不能局限于利用互联网搞手工操作搬家,而是要着力于用互联网思维促进税务再造,使互联网时代的税收信息化呈现新形态,达到新高度。通过"互联网+税务"实现全方位的涉税数据分析,构建现代化的服务管理新模式。树立涉税数据资源化理念,真正发挥数据资源的价值作用。"互联网+"使"信息不对称"到"信息共享"的转变成为可能。

(四) 推进税务标准化的可行性

至今我国还没有建立健全税务标准化体系,税务标准数量还比较少,无法充分发挥税务标准在税收发展过程中的规范、引领、创新、协同和增效等作用。尤其在深化税收改革的关键时期,如何最大限度地激发税务系统内外的创造活力,化解各类矛盾和问题,全面创新税收管理方式,合理配置征管资源,提高税收治理能力,从而高质量推进新时代税收现代化,已成为我们当前所要考虑的首要问题。因此,我们认为面对国家和社会所赋予税收新的定位和新的职能,大力提升标准化在税收发展中的战略地位和作用,是夯实税收征管基础,解决税收征管中存在的权责不清、标准不一、流程不优、执行不力等突出问题的迫切需要;是提高税收治理能力,构建优质便捷的服务体系、科学严密的征管体系的客观需要;是创新税收管理方式,引导征纳双方以标准促进规范、以标准促进遵从、以标准促进效率的现实需要;也是全面实现税收制度、流程、技术、手段、人力现代化的根本路径。

1. 推进税务标准化的意义

(1) 为推进税收现代化提供基础保障。

税务标准化为税收现代化的推进基础,在征收管理、信息建设、职责分工和机构设置方面为税收现代化的推进提供必要保障。科学严密的现代税收管理体制、优质便捷的服务体系、高效清廉的组织体制和稳固强大的信息体制决定着整个税收现代化体系的基本架构,对税收现代化主要目标的实现发挥基础性作用。

（2）促进税收管理水平和管理效率的提高。

传统的税收管理体制存在机构臃肿、征纳成本高、管理效率低、信息传递不畅等问题。税务标准化的实施，意味着税收业务流程、方式都会得到规范和统一，通过信息技术的支撑，不断加深与业务流程、方式的融合；意味着征税成本和纳税成本进一步降低，税收管理效率进一步提高，同时将强化对各类涉税活动的监控，更加及时有力地打击防控管理风险，有效遏制税款流失。

税务标准化顺应经济发展新动态的要求，顺应税收现代化发展新趋势，重在优化工作流程，重在优化资源配置，依托信息化，打破层级和部门的局限性，优化人力资源配置，建立统一规范、信息畅通、运作良好的工作机制和管理模式，促进税收管理资源的合理配置，提高税收管理水平和管理效率，推进税收现代化建设。

（3）促进税务机关依法行政能力的提高。

税务标准化从权责分明的角度出发，还责于纳税人，实现公平与效率的最佳结合。按照工作要求和质量要求规范流程，建设完善的工作规程、科学的业务操作流程以及稳固的权力架构，打造制度和规范的笼子，更好地对规范税收执法行为、防范税收执法风险、推进税务机关廉政建设、促进干部廉洁从税起到积极的作用，提高税务机关依法行政能力。

（4）提升纳税服务的质量与效率。

税务标准化的实施，通过规范纳税服务的内容、优化纳税人办税手续，降低征纳成本，使纳税人得到优质便捷的多元化、全方位的纳税服务。这些将促使整个税务系统内形成尊重纳税人、服务纳税人的工作机制和社会氛围。

（5）提高宏观决策的科学性和风险调控的效率。

通过税务标准化，规范税务信息的采集和利用，可以降低信息不对称程度。提高税务信息的采集效率和精确程度。这样，一方面，能为税收政策的制定提供更为充足的信息，实现调控效果的及时反馈，从而使税务行政管理部门掌握的纳税人涉税信息较之前大为增加，提高税收制度设计的科学性和税务行政活动的合理性。另一方面，能为风险管理分析提供更有效的数据，减少无用数据的产生，大大增加了可用税务信息量，并加强了对涉税信息资源的深度开发利用，提高工作效率。

(6) 进一步推动税收现代化进程。

税收现代化是国家现代化的重要组成部分，而税务标准化是税收现代化的排头兵，它的发展为税收现代化的实现提供一定基础条件，也为其他地区和机构实现税收现代化提供示范和经验，对我国新时代税收现代化进程的整体建设起到示范作用。

2. 实施税务标准化的战略机遇和有利条件

标准化管理的理念和方法已经在税务系统得到广泛认可和实践，国家税务总局提出了税收现代化战略，以及信息技术被广泛应用于税收管理，为税务系统全面实施标准化提供了机遇和条件。

(1) 经济社会的飞速发展为全面实施税务标准化提供了动力。

党的十八届三中全会提出，政府要加强发展战略、规划、政策、标准等制定和实施，加强市场活动监管，加强各类公共服务提供。在经济新常态大背景下，税收征管面临着新兴业态和新型商业模式、大数据时代以及"互联网+"、"一带一路"倡议、"走出去"战略、税制与征管改革等新常态挑战。税收制度的创新与系统重构，将会对征管体系带来冲击，新的税种、新的政策也将催生新的征管内容、新的服务要求，这些都驱动税务标准化的推行和实施。

(2) 新时代税收现代化战略的确立，为全面实施税务标准化指明了方向。

税收现代化是在坚持中国特色社会主义制度的前提下，在服务"两个一百年"宏伟目标和"全面建成小康社会、全面深化改革、全面推进依法治国、全面从严治党"四个全面战略布局中的税收现代化，是中国特色社会主义税收的现代表现与系统构建。税收现代化秉承了现代国家税收"强制性、无偿性、稳定性"的基本属性，而税务标准化则在基本属性上延伸了权威性、制度化、科学化的特点，标准化管理的理念和方法被逐步引入我国税收征管的实践中，在流程的设计和推广、数据情报的发掘和应用、风险分析识别技术方法的创新等方面都有不同程度的探索和实践，为全面实施标准化管理积累了经验，创造了条件，奠定了基础。

(3) 信息技术发展突飞猛进，我国的电子税务发展，为全面实施税务标准化开辟了环境。

税收管理技术、手段的现代化是税收管理体系现代化的一个重要特征。先进的数学、统计分析技术及方法、通信、信息技术成为税收管理各领域、各主要环节的重要支撑。通过税收管理技术、程序的标准化建设，信息技术成为提升税收管理质量的基本手段；规范、准确的电子信息成为税收管理信息获取的主要来源和实现税源监控的主要渠道，覆盖税收管理体系各个主要环节，为税务标准化的推行打牢基础，使税源、税基信息处于有效的监控之下，切实促进征管效能提升。

第三章 税务标准体系的构建

对税务标准化的基本理论有了初步认识后,在税务标准化工作中,无论是从标准的制定修改还是标准的管理运用,都有必要构建一套完备规范、成熟定型的体系框架,用于指导和支撑税务标准化工作的开展。而税务标准体系也并不是从来就有、一开始就成熟完备的,而是从税务标准化工作实践中不断总结、提炼逐渐形成的;标准也是以系统形式存在并发挥作用的,单个孤立的标准难以有效地发挥作用,因此只有构建一套具有指导性和系统性的税务标准化体系,才能有效地发挥统筹规划、组织协调、管理控制的税务标准化系统功能作用。使税务标准化工作健康稳定发展。

第一节 税务标准体系的含义

一、标准体系的内涵

标准体系一般是指为实现确定的目标,由一定范围内的标准按其内在联系形成的科学的有机整体。简单来说,标准体系就是一种由若干标准组成的系统,一定范围内所需标准按照相关性分类的集合。它包括了现行标准和需制定的标准。标准体系是为标准的实施、制定和修改进行规划,并提供依据,既是标准化工作的顶层设计,又是标准化的基本建设工作。在各行各业的标准化工作中,标准体系的构建已成为不可缺少的重要环节。

二、税务标准体系的内涵

税务标准体系是指为实现税收现代化,以适用性、可行性、科学性、先进性为导向,以税收征管业务和纳税服务工作为核心、组织保障和信息化为支撑,由税收征管业务标准体系、纳税服务标准体系、组织保障标准体系、信息标准体系组成的有机整体。

按照国家税务总局关于税收现代化的总体部署要求,为实现建立科学严密的征管体系、优质便捷的服务体系、高效廉洁的组织体系、稳固强大的信息体系的目标,云南省税务局创新工作方式,以标准化推进税收现代化。税务标准化工作的基础是科学合理的设计和构建税务标准体系,在税务标准化工作实践中,始终以构建税务标准体系为工作主线,树立系统思维,创新理念,运用科学方法,把握科学路径,结合税务工作实际,按照税务基层工作的税收征管、纳税服务、组织保障、信息化建设四大内容,逐步制定和实施单个税收业务标准,由单个到若干逐渐形成一个税收业务标准子体系。对已有的业务标准子体系进行组织整理,有机集成,逐步完善和形成一套结构优化、稳定有序、适应发展、互相联系的系统构架。

三、各标准子体系间的关系内涵

根据税收征管和纳税服务两大税收工作核心业务,科学构建税收征管业务标准体系、纳税服务标准体系。同时,为了保证两大核心业务高效运行,围绕税收现代化要求建立组织保障标准体系。为了实现三大标准体系无缝协同运行,避免各自为政,抓住联结三者的核心纽带即信息,建立信息标准体系。

(一)税收征管业务标准体系是核心

以现代税收征管理念建立税收征管业务体系,用现代管理科学理念带动税收征管职能的转变,以职能的转变促进征管、服务质效的提高,用征管、服务质效的提高保证税收征收管理目标的实现。

(二)纳税服务标准体系是基础

以新公共管理以及公共服务相关理论建立纳税服务标准体系,作为现代税收管理的基础。以纳税人为中心确立纳税服务标准体系,树立纳税人自我评定理念,建立互信的联系和沟通,在征纳双方及税收管理之间,建立起一个权利义务关系分配合理的税收法律关系。

（三）组织标准体系是保障

以现代化人力资源管理理念建立高效廉洁的组织保障标准体系。建立与现代征管模式相匹配的，以满足纳税人正当涉税需求为基本目标的，集约化、扁平化的税收组织机构体系和专业化税收管理人才队伍。对征管体系中人力、物力、财力、信息等资源进行有效配置。科学合理的配置，保障税收管理体系各个层面之间、各层面不同环节之间的衔接流畅、运行高效。

（四）信息标准体系是支撑

以金税三期为主要的信息技术平台依托，将网上办税、风险管理、纳税服务评价监督和绩效管理等纳入统一、集中、开放和共享的信息网络系统，建立信息标准体系。稳固系统运行，降低系统运行故障率和相应损失，提高效率。强化信息技术在税收征管、纳税服务、组织保障各主要环节的桥梁支持作用。

第二节　构建税务标准体系的要求

在标准化的初级阶段，各行各业所制定的标准通常是为了解决某一项具体的有针对性的问题，不仅内容单一，而且其存在方式也是个别的、零散的。税务标准化的发展也是如此，在制定了一定数量的税务标准后，逐渐形成了数量规模可观的阵容，以税务工作内容为划分界限，以系统的方式存在，这就是税务标准体系的形成。但由于税务标准体系是人工创造的，需要有人工的管理和干预，才能有序健康地发展。但也会由于管理不善、过程失控，或外部环境发生变化后难以适用而最终达不到标准的要求发挥不了标准的作用。因此，需要在构建税务标准体系的过程中了解掌握税务标准体系的属性，从而形成构建标准体系的要求。

一、目的性和导向性

任何标准体系的建立都应有其明确的目的或目标，或为了保证产品质量、或为了保障安全、或为了提高效率，税务标准体系也不例外。标准体系的目标是创造这个体系的人们愿望的反映、意志的体现，标准体系目标具有具体化、定量化的特征，才能使其具有指引和管理功能。

税务标准体系的构建就是以推进和实现税收现代化为目标，通过建立一整套税务标准体系，运用标准化手段提高税收征管质量、提升纳税服务水平、加强组织保障效能、优化信息化建设。建成符合实际、结构合理、重点突出、层次分明的税务标准体系，以标准促进规范、以标准促进管理、以标准促进服务、以标准促进创新、以标准促进效率、以标准促进遵从、以标准促进清廉，实现税收治理体系和治理能力的现代化，并获得最佳税收秩序和取得最大征管效能，该目标在一定时期内指引税务工作的开展。在各项税收工作的计划和实施中发挥导向作用。因此，要求从单个标准的制定实施，到完整的税务标准体系构建都需紧紧围绕这一目标。方向不明，脱离目标要求，将导致税务标准体系失去指引和管理作用。

二、层次性和集合性

标准体系是一个不可分割的有机整体，实质上也是若干单个标准的逻辑组合，是为使标准体系具备一定的功能或特征而进行的组合。组合并不是简单地把一定数量的单个标准进行杂乱无序的堆积。整个标准体系应该是按照某种特定的关联性有序地，分层次地构成的，从而达到一个更优的系统效应。作为有机整体的标准体系，其效应与组成该体系的各个标准及它们的组合结构有关。要把每个标准组合后的集合效应发挥到最佳，就需要将它们的逻辑结构设置合理，层次分明，从而形成标准之间、标准与体系整体之间相互联系、互相作用、互相适应、互相补充的统一体，从而完成标准量的集合达到整体质的飞跃。

由于税务工作是一个庞大复杂的系统，因此在税务标准化体系构建的过程中要把系统的整体功能放在首位，运用系统的方法、程序，合理确定每一个具体标准在税务标准系统中所处的位置、所发挥的作用及其与相关标准之间的关系，从而使制定出的标准更加切合实际，也使整个标准系统产生良好的整体效应，再结合层次性、有序性的标准体系构建原则。税务标准体系的构建就是把单个标准作为基本要素，以纳税服务和税收执法为税收管理中心内容，以风险管理为导向建立税收征管标准体系；以纳税人自主申报为基础，以征纳双方信赖合作主义为理念建立纳税服务标准体系；以现代化管理科学理论为基础，优化资源配置，以集约化、扁平化的原则建立组织保障标准体系；以信息技术深化应用，专业化人才队伍建设为重点建立信息标准体系。将单个税务标准按照税务工作的四大内容结构进行分类组合，以此作为税务标准体系的基本构架。四个标准子体系的建立，形成了相互联系、相互作用、相互补充的完整统一体，即税务标准体系。

三、适应性和实用性

标准体系是存在于一定的社会环境和经济、政治体制中的，必然会受到当前经济体制和社会政治环境的影响和制约，因此标准体系必须具有一定的适应性，适应周围的环境和体制。标准体系的构建来源于实践，也是运用于实践中的，因此考虑标准体系的建设时，还应注重实用性，要求不能太高也不能太低，更不能脱离实际的发展需要和客观可能性。保证标准体系在社会不断发展的情况下，能适应发展，保持相对的指导性和推广性，可付诸实践。构建好的标准体系，真正起到提高管理水平和管理效益的作用。

税务标准体系的构建，必须从我国的税制发展实际情况出发，满足税收管理的客观需求。税务标准体系的目标不能定得过高或过低，过高会导致标准制定完成后无法实施，无法推广，过低则会导致不具备指导性和前瞻性，失去标准的规范意义。因此，在构建税务标准体系时应尽量做到适中，适中是保证标准具有适应性的有效方法，使其发挥基础指导作用。而对于一些特殊的事项，在构建税务标准体系和制定标准时又需要区别对待，特殊情况特殊处理，以增强实用性。建成适应国家和社会发展需要的、科学有效的税务标准化工作机制，形成税务标准化与税收现代化有机结合的促进机制。

四、开放性和可持续性

标准体系的建设是一个循序渐进、不断完善的过程，这一过程需要不断优化、改进，以达到科学、合理和实用的目的。标准体系不是一个封闭的系统，也不是绝对静止不能改动的。标准体系的开放性和可持续性增强了该体系的系统活力和对外界的适应性，这是标准体系发展完善的动力。

税务标准体系的构建也应遵循开放和动态改进的规律，税务标准体系总是要处于税制发展和改革的环境中，要同环境的变化实时交换信息，顺应客观环境的发展步伐，从而不断地淘汰不适用的体系要素，优化改进及时补充更新，使标准体系处于不断进化,使之与环境相协调这样一个无限循环的过程。在税务标准化体系构建过程中,还需科学分析和预测未来的税收发展趋势,以动态最佳为前提,合理选择超前标准化的对象,确定超前标准化的方向,要能体现目前最新的税收制度、管理水平和组织程序。实现现代税收管理工作执行政策规范化、办理业务标准化、业务流程简约化、指导工作实用化、具体应用可扩展化的目标。使整个税务标准体系具有兼容性和创新领先性。适应和满足未来各方发展需要,以期获得尽可能大的效益。

第三节 构建税务标准体系的方法

根据新时代税收现代化的总体规划,云南省税务局提出"以标准化推进税收现代化"的总体要求,以统筹规划、突出重点、优化提升、注重实效的标准化工作思路。转变观念,着力创新,找准站位,站在全省的角度放宽视野,统筹兼顾,建立符合工作实际、结构合理、层次分明、重点突出的税务标准体系。

一、厘清现状,梳理事项

厘清税收工作的现状,当前税收中存在的税制效率与征管效率不匹配、征管理念不协同、征纳权责不清晰、业务流程不科学、资源配置不合理、信息共享不充分、工作质效不佳等问题的根本原因,就是缺乏统一、规范、可执行的税务标准体系来告诉征纳双方如何做、做到什么程度、依据什么规范、需要达到什么标准。在这样的形势下,建立一套完整统一、科学规范、可执行的税务标准体系对推进税务现代化进程就显得必要而紧迫。为了避免重复和矛盾,需要事先对税务标准事项进行梳理、归类。根据税务标准体系研究及建设的基本原则,按照国家税务总局税收现代化建设的征管、纳服、组织、信息四大体系的建设要求,进行具体标准事项的梳理,在标准体系表和标准明细表中分类逐项列出各项组成标准,提出制定标准的详细目录。

二、政策分析,确定目标

税务标准体系的建立离不开现行政策的分析,在构建体系前需分析研究现行的税收法律、法规、规章、制度、规范等各类文件的基本情况,分析法律法规与标准彼此间存在的共性和个性。它们既是标准制定的依据,也是标准制定的基础。税收法律法规和规章制度具有约束力强,但管理手段大多不明晰,标准在不与法律法规相冲突的情况下,标准化管理更有利于不同部门之间的协调,在标准化管理的基础上,配合现行制度便可形成税务工作所需的严密的规范化管理体系。在构建税务标准体系时,遵循以税务标准化推进实现税收现代化的目标,与法规制度相配合,以制度保障标准的执行,以制度补充标准的不足。

三、方案设计,构建体系

将税务标准化提升到税收战略层面上来认识,要将税务标准化体系设计成具有明晰征纳权责的规则体系、实现纳税人自主申报纳税的服务体系、夯实税收征管的基础体系、建立高效征管流程的保障体系、税收管理方式创新的方法体系、实现信息共享的桥梁体系。体系的构建要以国家税收法律法规和国家税务总局制定的规范性文件为政策依据,明确所有税务事项的实体性和程序性要求,简化工作程序,优化工作流程,使各项税务工作便于执行、便于落实、便于操作,并结合税收工作实际不断融合实践创新内容。实现税务标准化建设不是一蹴而就的,它是一个庞大的、复杂的、细致的系统工程,要冲破传统观念的束缚,要通过不断破和立的过程,要通过不断的改进和完善,建立起科学完善的税务标准体系框架。

通过调研并借鉴国际相关领域标准参考模型和国家、行业、地方标准体系框架的构建思路,并充分体现和突出以标准化推进税收现代化的系统建设总体思路、突出税务标准化体系建设的特点,云南省税务局构建了税务标准体系,体系结构如图3-1所示。

该标准体系框架由四个子体系构成,分别是征管业务标准体系、纳税服务标准体系、组织保障标准体系和信息标准体系。

征管业务标准体系包括通用类标准、发票类标准、申报类标准、征收类标准、税务登记类标准、税收优惠类标准、税务认定类标准、税收证明类标准、税务稽查类标准、收入核算类标准、税收法制类标准、征管档案类标准、日常管理类标准13类标准。

纳税服务标准体系包括信用管理类标准、征纳沟通类标准、行政救济类标准3类标准。

第三章 税务标准体系的构建

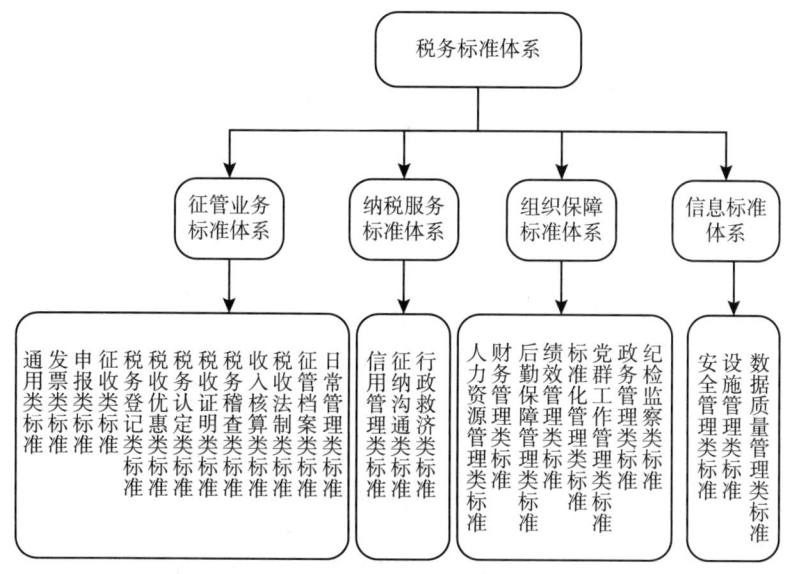

图3-1 税务标准体系结构层次

组织保障标准体系包括人力资源管理类标准、财务管理类标准、后勤保障管理类标准、绩效管理类标准、标准化管理类标准、党群工作管理类标准、政务管理类标准、纪检监察类标准8类标准。

信息标准体系包括安全管理类标准、设施管理类标准、数据质量管理类标准3类标准。

四、流程设计，程序推进

基于标准体系建立的主要步骤，借鉴各行各业标准体系建立的流程，结合税务标准体系构建的要求，提出税务标准体系建立的工作流程。税务标准体系的建立工作流程共包括3个阶段，即税务标准体系分析论证阶段、税务标准体系结构设计阶段、税务标准体系结构确立阶段。税务标准体系分析论证阶段主要包含了税务标准体系目标需求分析和功能适用性分析；税务标准体系结构设计阶段主要包含了现行税务标准的汇编和标准体系表的编制；税务标准体系结构确立阶段主要包括了对初步形成的税务标准体系进行对比分析、修改完善的过程，以及将最终确定的税务标准体系进行发布和实施的过程。税务标准体系建立工作流程如图3-2所示。

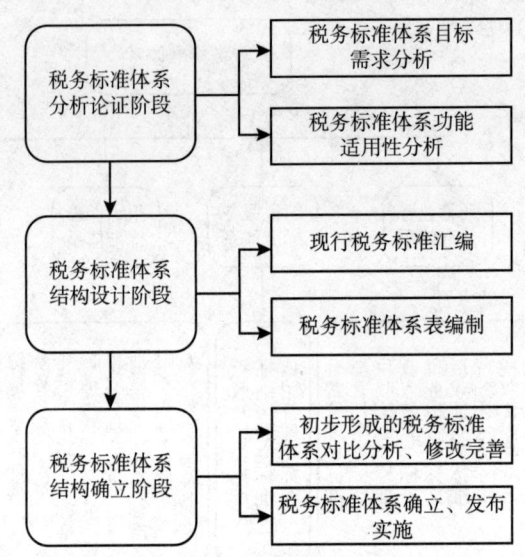

图 3-2 税务标准体系建立工作流程

总的来说，建立科学的、层次清晰的税务标准体系，是税务标准化工作的一项重要的基础性工作，是今后制定修改标准的重要依据，是一项复杂的系统工程，为今后税务标准化工作的发展规划、政策制定、计划调整等提供有效的指导和支持。

第四章 税务标准的制定

本章内容根据理论研究和标准化建设实践,主要介绍了税务标准化制定的基本流程,包括税务标准的制度梳理、流程优化、标准制定三个方面的内容,完整展现了税务标准化建设的关键环节。

第一节 梳理制度

一、梳理制度的范围

实施税务标准化管理有利于持续完善税收制度体系。在税收工作中引入标准化管理,实现税收法律制度和税收征管实践的有效结合,是推动税收制度体系现代化的必然要求。在实施税务标准化过程中,梳理制度是至关重要的环节,为加快税务标准化建设,保证税收法律法规得以有效实施,日常业务操作"有法可依",具体标准权责分明,并确保与税收制度、税收政策相接轨,在制定税务标准前有必要对现行有关政策进行梳理完善,按照信息化、专业化下征管运行的规律,梳理、归并税收制度、税收政策,着力提高工作效率。

坚持依法治税的原则,立足现有政策规定,充分运用标准化理念,按照省局事先建立的税收征管业务标准体系、纳税服务标准体系、组织保障标准体系和信息标准体系四个子体系,分门别类地对税务标准体系进行梳理。

在实际工作中,对于税收征管业务,紧紧围绕涉税事项,按税收法律、税收行政法规、税收规章、税收规范性文件、条约和协定等现行税法制度层级,全面梳理税收法规和税收政策,为重塑业务流程提供强有力的第一手资料。具体梳理范围如表4-1所示。

表 4-1　　　　　　　　税收制度的范围

法律层次	具体形式	举例
宪法	《中华人民共和国宪法》	第五十六条规定"中华人民共和国公民有依照法律纳税的义务"
全国人民代表大会及其常务委员会制定的法律和有关规范性文件	法律	《中华人民共和国个人所得税法》《中华人民共和国税收征收管理法》
	有关规范性文件	《全国人民代表大会常务委员会关于外商投资企业和外国企业适用增值税、消费税、营业税等税收暂行条例的决定》
国务院制定的行政法规和有关规范性文件	税收条例	《中华人民共和国增值税暂行条例》《中华人民共和国土地增值税暂行条例》
	法律实施条例或实施细则	《中华人民共和国消费税暂行条例实施细则》《中华人民共和国税收征收管理法实施细则》
	税收的非基本制度	《国务院关于完善出口退税负担机制有关问题的通知》
	对税收行政法规具体规定所做的解释	《国务院办公厅对〈中华人民共和国城市维护建设税暂行条例〉第五条的解释的复函》
	国务院所属部门发布经国务院批准的规范性文件，视同国务院文件	《财政部　国家税务总局关于简并增值税征收率政策的通知》
部门规章	国务院财税主管部门制定的规章及规范性文件	《财政部　国家税务总局关于出口货物劳务增值税和消费税政策的通知》
地方法规、规章	地方人民代表大会及其常务委员会制定的地方性法规和有关规范性文件	
	地方人民政府制定的地方政府规章和有关规范性文件	
省、省以下税务机关制定的规范性文件		
中国政府与外国政府（地区）签订的税收协定		

二、梳理制度的要求

税务标准化就是将标准化管理理念引入税收工作，按照税收内在规律的要求，以岗责体系为基础，以税收信息技术手段为依托，运用系统控制的理论和方法，制定一套科学、统一、规范的税收业务执行标准和依据，并有效组织这些标准和依据的活动。

当前税收工作中存在税制效率与征管效率不匹配、征管理念不协同、征纳权责不清晰、业务流程不科学、资源配置不合理、信息共享不充分、工作质效不佳等主要问题,并在很大程度上制约了税收现代化进程。分析造成这些问题的根本原因就是缺乏统一、规范、可执行的税务标准体系。因此,以税务标准化建设来解决上述问题成为当前现实需要解决的问题。

为了使编写出的标准科学规范、切合税收工作实际并可操作,认真梳理了税收制度,坚持做到:

(一) 合法性

坚持依法治税的原则,提高标准化的法治引领作用,结合税收现代化的基本目标和金税三期的整体要求,立足现有政策规定,立足税收征收管理实际,树立标准化建设的现代意识,转变管理理念,大胆突破惯性思维,充分运用标准化,从税收具体事务出发,在符合法律、法规要求的前提下,对税收制度进行全面梳理。

(二) 规范性

对接《全国税务机关纳税服务规范》《全国税收征管规范》《全国税务机关出口退(免)税管理工作规范》《全国税务稽查规范》《全国税务系统督察审计规范》,充分细化了规范要求,厘清税收征管业务标准体系、纳税服务标准体系和行政管理标准体系的框架,以一套完整的税务标准来规范税收工作,以标准化的形式固化规范,把规范细化到税务标准中,成为执行规范的有力推手,成为细化规范的有力措施,让规范具体得到落实。

(三) 科学性

按照标准化的原理和方法,结合综合征管业务流程,紧紧围绕涉税事项,科学划分业务边界,合理界定征纳权责,按照登记类、发票类、税收优惠类、认定类、证明类、申报类、征收类、收入核算类、法制类、稽查类、基础类等征管业务进行归并,涵盖征管全过程和各环节,全面梳理税收政策,科学地将信息管税、风险管理、纳税遵从等现代税收管理理念融会贯通税收工作全过程,做到统筹实施、协同发展、形成合力,创新管理方式,提高治税能力,解决税收管理自成体系、各自为政的问题,使各项税收工作在依法治税的前提下顺利运行,达到税收政策与实际工作紧密结合,促进税收内外部的业务协同。

（四）效能性

客观分析税收政策效能,认真查找税收制度空悬的问题,查找政策前后相互矛盾的地方,分析政策效率与实践效率不协同的真正原因。立足税收征管实际,在不违背税收法律法规规定的情况下,积极创新管理方式,不断提高政策执行效率,从而为重塑业务流程提供强有力的第一手资料,为流程再造和编写税务标准提供理论依据。

（五）时效性

税收制度的施行都具有相应的实施对象、适用条件,梳理工作中要深入分析,认真研读税收政策,对已变化或废止的税收政策予以剔除,保证梳理出的制度是最新、正在执行的,并与纳税人切身利益相关、与税收征管工作密切相关的制度。

三、梳理制度的方法

改革开放40年来,经过几次较大的改革,我国税收制度日趋完善。2003年以来,按照科学发展观的要求,围绕完善社会主义市场经济体制和全面建设小康社会的目标,分步实施了改革农村税费、完善货物和劳务税制、所得税制、财产税制等一系列税制改革和出口退税机制改革。几经变革目前我国共有增值税、消费税、企业所得税、个人所得税、资源税、城镇土地使用税、房产税、城市维护建设税、耕地占用税、土地增值税、车辆购置税、车船税、印花税、契税、烟叶税、关税、船舶吨税、环境保护税18个税种。其中,16个税种由税务部门负责征收;关税和船舶吨税由海关部门征收,另外,进口货物的增值税、消费税也由海关部门代征。

我国现行税收制度规模庞大、内容繁杂、涉及面广,标准化可以有效地支撑完备规范的税法体系,有利于构建成熟定型的税制体系,有利于建立优质便捷的服务体系,有利于构建科学严密的征管体系,有利于建立稳固强大的信息体系,有利于建立高效清廉的组织体系,有利于促进国家治理体系和治理能力现代化。因此,标准化对推进税收现代化建设具有极其重要的作用。

第四章 税务标准的制定

为了充分发挥税收制度和税收政策的效能，在税务标准化工作中全面梳理税收制度、税收政策是至关重要的一个环节，应当充分认识税收制度梳理工作的重要性，必须以高度的责任心和良好的精神状态，运用科学的方法，采取以下有效的措施进行梳理。

（一）收集、排查

以信息技术和税务应用软件为依托，利用网络信息平台优势，从国家税务总局、省局网站、税务综合办公等系统及互联网搜索筛选海量资料和信息，对现行的税收制度进行全面梳理，认真学习相关税收制度的内容，做到在梳理中学习，在学习中提升，并融会贯通，为工作的全面开展奠定坚定的理论基础。按税收法律、法规标准文本、相关法律法规文件、征管业务运行流程和表证单书四个部分内容进行收集，排查各类税收政策，进行必要的取舍，剔除无效的，保留有效的和正在执行的税收法规和税收政策，避免重复和矛盾，形成规范有效的运行机制。持续跟踪税收政策变化，若有更新和变动及时补充完善，做到更新及时，确保政策执行的连续性和落实到位。

在实际工作中，将制度梳理落实工作按职责进行细化分解，提早部署，快速落实，细化工作事项，将每项工作分解落实到具体责任人，做到专人管理专人负责，明确时间节点，列出完成时限，做到"严"把关，"强"跟踪，对税收政策太多且变动频繁问题，由业务科室实施动态管理和把控，进一步提高税收政策梳理的管理质效。

（二）分类、整理

针对税收制度、税收政策多且杂，遵循征管业务流程，对其进行整理，分门别类进行归集，区分不同类型，形成电子文档，力求符合税收工作实际，做到文档结构合理、层次分明、重点突出；按照统一、规范、简化、便捷的原则，对征管业务流程节点涉及的表证单书进行梳理，在遵循法定程序和保证税收执法行为合法、有效基础上，删繁就简并进行归并，对功能重复、性质相同的表单进行规范和优化重组，力求表证单书规范、简化，使之合法化、统一化、有序化，便于查找和使用。

在实际工作中，将复杂的税收政策按税种、税制要素和征管环节进行分类，解决现行税收政策内容多、变化快、查询难的问题，按编写标准要求，收集和整理力争做到政策权威、内容全面、法律法规效力范围明确。

（三）汇总、审定

在前期工作的基础上，对收集、整理过的税收政策进行统一汇总，对登记类、发票类、优惠类、认定类、证明类、申报类、征收类、收入核算类、法制类、稽查类、档案类、日常管理类等征管业务进行归并，根据分类方案和排列顺序，分类建档，按征管流程进行编撰汇总；注重梳理质量，按"公开、严格、准确、细致"的要求进行审定，实行专人负责制，严把日常审核监督关，加强税收制度、税收政策更新比对工作，查遗补漏，适时跟进，工作质效持续提升，实现梳理工作高质量、高标准。

在实际工作中，把多人收集到现行有效的税收法规、税收政策按税收业务类别，进行汇总统一归并到"友益文书"电子书软件内，通过专人审核，剔除无效内容，保证使用人能准确运用税收政策，规避和降低执法风险。

（四）编目、统计

在审定基础上，按照预先制定的方案，采取科学的方法，进行编目，逐件统计，制作成门类齐全、流程规范的电子书，做到框架合理、形式规范、标准统一、内容完整、层次分明、标识清晰，让使用者一目了然、操作简单、简明快捷、随用随取，实现梳理工作流程化、规范化、效率化、精细化、服务化、实用化，持续提升梳理工作的运行绩效，为下一步撰写税务标准化具体标准打下坚实的基础。

在实际工作中，按统一标准的方法进行编目，做到统计准确无误、业务分类层次分明，使用人无须花费更多精力和时间，通过电子书可在最短时间快速查询到税收法律法规和相关税收政策，可以做到随时方便调阅，达到"以梳理政策为基础、以方便实用为重点、以共享应用为目的"的总体要求。

截至2017年4月1日，共梳理相关税收政策文件981个，梳理优化表单482个，文书107个，为税务标准化的实践提供了保障机制。具体梳理文件数量统计如表4-2所示。

表 4-2　　　　　　　征管类政策文件梳理统计

序号	业务分类	数量（件）
1	登记类	126
2	发票类	121
3	优惠类	346
4	认定类	40
5	证明类	16
6	申报类	131
7	征收类	98
8	稽查类	—
9	收入核算类	57
10	日常管理类	29
11	法制类	—
12	档案类	17
合计		981

第二节　优化税收流程

一、优化税收流程的内涵

（一）税收流程

所谓流程，是指为完成某一目标或任务而进行的一系列逻辑相关活动的有序集合。税务机关的工作活动像企业和其他社会组织一样，也存在大量循环往复的过程，税收流程是流程中的一种，它特指税务机关工作活动中的业务流程。具体是指税务机关在对外实施税收管理、对内实行过程管控时，为了达到预期特定目标或完成特定任务实现工作流程稳定推进所需要经历的稳定的活动步骤的集合。图 4-1 展示了纳税人申请办理涉税核准业务的流程。

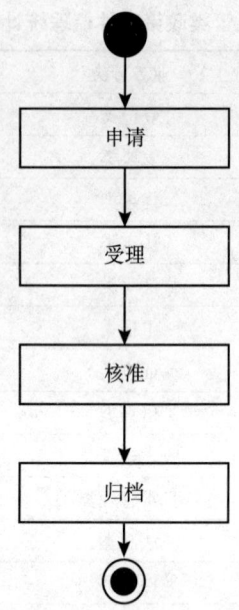

图 4－1　涉税核准通用流程

根据税收的强制性、无偿性和规范性特征，与企业或者其他社会组织的业务流程相比，税收流程具有其独具的特性，具体表现为：

1. 约束性：税务机关的行为必须符合国家利益，必须维护纳税人的合法权益，必须严格依法行政，即税收流程必须严格按照相应法律法规以及规范性文件制定，不得超出税务机关的权力边界，也不得减少税务机关依法承担的责任。

2. 确定性：税收流程必须体现国家和税务机关的意志，不允许存在随意性，更不能是约定俗成的，税收流程要有严密、明确的规定，要有书面的确定形式，必须保持在相当长的时间范围内稳定、有效，不得"朝令夕改"。

3. 适应性：税收流程对税收工作规律的客观反映，应当按照最新的税收政策以及税收管理形势进行优化、更新。要充分符合税收征管现状和管理实际，必须具有一定的适应性。

4. 便利性：税收流程必须明确、具体、可行，在设计或优化税收流程时，应为纳税人和企业等服务对象考虑，争取使他们获得更加便利的服务，同时尽可能地降低征纳风险。

税收流程按照其效用、范围、性质等方面的不同可以划分为不同种类的流程，在税收流程的优化及设计过程中需要根据不同种类的流程的自身特点和内涵来进行分析优化。

1. 按照其效用等级，可分为强制性流程与选择性流程两种。

（1）强制性流程是指在进行工作业务时不得自主选择的流程，必须不折不扣地执行，不得增减改易。大部分税务流程均属于强制性流程。

（2）选择性流程是指在进行工作业务时可以有选择执行节点的流程。税务机关可根据实际情况以及相对人的条件选择是否实施或者选择按照哪一节点流程进行实施。但一经确定实施某一流程后，也将必须严格按照流程开展业务。如进行最高开票限额审批流程时，根据纳税人申请开票金额确定是否进行实地核查流程。

2. 按照其效力范围，可分为内部流程与外部流程两种。

（1）内部流程是只涉及税务机关内部的工作行为（处置内部事务）的流程，如上下级发票库房进行发票调拨业务流程。

（2）外部流程是涉及纳税人或税务机关外部的工作行为的流程，如发票领用流程。同时部分外部流程同时涉及内部流程，即税务机关受理相关业务后按照有关规定不能即时办结，需内部流转后方能办结的情况，如定期定额核定流程。

3. 依照适用的范围，可分为通用流程、实务流程两种。

（1）通用流程是针对某一类或者某一范围内工作活动过程的环节构成制定的流程。通用流程在其适用范围内均可适用，其主要特点是相对概括，大多是规范有关的关系、次序、方向、基本要求等。

（2）实务流程是针对工作活动过程中具体办理各项业务制定的流程。与通用流程相比更为精细，在制定过程中必须满足、符合通用流程的相关要求。除通用流程规范的内容外，实务流程还涉及具体步骤、手续、方法、时间、距离、相关文件资料等。

（二）优化税收流程

税收流程优化思想来源于企业管理中的业务流程优化，其中心理念是以前瞻的企业经营精神，以服务为中心，以纳税人的需求为导向，转变机构职能，建立行政标准作业程序，简化工作流程，以达到有效、良好的服务品质要求。

所谓"税收流程优化"就是指运用现代管理学思想、经济学的市场机制原理和现代化的技术，把税务机关的工作流程进行简并、调整中间环节或者根本性的、彻底的重新思考和重新设计，以使税务机关的征管成本、税务机关征管水平、税务机关的服务质量、税务机关效能与效率都具有可量化的、可考评的标准，最终凭借税收流程优化，税务机关能够加强与其他行政主管部门之间、税务机关与社会之间的信息交流，发布各界需要（除国家机密和个人隐私之外）的信息，增加纳税人对税务机关的认同和支持，提高纳税人的税法遵从度，维护税务机关在纳税人中的权威性和合法性，极大地提高税务机关的整体形象。

优化税收流程的模式可以分为两种：

1. 渐进性改造：税收流程的渐进性优化是指立足于现有征管及内部管理流程，对现有流程进行优化和完善。它强调的是渐进的优化，对现有流程的某个片段、环节进行改造，以期在某个方面实现绩效的提高。它不需要对税务机关组织结构进行大的调整，涉及人员也较少。

2. 突破性重构：税收流程的突破性重组是指抛开现有征管及内部管理流程，完全面向税收征管体制改革发展战略和纳税人需求，重新彻底地再设计新的流程。它又可以称作税收流程再造，其特点是打破现有的征管和内部管理模式，重新设置中间流程或者取消部分审批环节，因此在一定程度上涉及税务机关组织结构和人员的调整，在确定新流程后需要重点对相关人员进行培训和宣传。

二、优化税收流程的原则

优化税收流程必须要结合实现税收现代化的基本目标，以获得最佳税收秩序和取得税收最佳效益为导向，坚持从税收具体事务出发，坚持流程导向、优化服务、分权制约、分工协作四项核心原则，在符合法律法规要求的前提下全面整合、归并、简化业务流程，把"减轻基层和纳税人负担"有机结合起来，全面开展业务流程的分析、诊断和重新设计。具体来说，主要有以下几个方面：

（一）以服务纳税人为出发点

税收流程优化重要的目的在于要塑造一个具有公共服务精神的税务机关，每个税务工作人员的工作质量主要由纳税人做出评价，从而提升全社会范围内纳税人的税法遵从度和纳税满意度。

(二) 以流程为中心

税收流程优化不应该以某个职能部门或业务部门为中心，而是必须注重整体流程的全面优化，税收流程是一系列相关业务部门分工协作完成的，目的是降低征管成本，为纳税人提供高效服务。

(三) 以风险防控为前提

税收流程优化不能盲目地简并中间环节或取消审核审批节点，必须严格按照分权制约、分工协作、权责分明的原则保留甚至是增加必要的中间环节或取消审核审批节点，从而在制度上防范执法风险和廉政风险。

(四) 以提高效能为目的

税收流程优化的核心目的就是提高效能，在符合法律法规要求的前提下，归并、简化业务流程，清理不必要的支出，降低纳税人纳税成本，切实做到减轻基层和纳税人负担，提高税务机关的工作效能。

三、优化税收流程的要求

税收流程优化的实施为税务机关职能由管理型向服务型的转变提供了重要的理论与技术支持。优化税收流程的过程中应该满足以下几点要求：

(一) 充分体现简政放权的要求

合理界定业务流程边界，约束税务机关行政行为，持续推进简政放权、放管结合、优化服务。业务流程的起点是税务机关的管理问题，终点是税务机关管理问题的解决。业务流程的空间边界是税务机关管理活动。凡是超越边界的行政行为都是不允许的和非法的，也是无效的。合理界定业务流程边界，可以明确税务机关的行政行为范围。由于税务机关行政行为只能在这一作业流程边界内行动，因而只能在这个界限内设置相应的组织机构，确定行政行为的基本路径。

(二) 充分体现公平效率的要求

在流程优化过程中，始终立足于程序的公平正义原则，以流程来实现对

"人""财""物""事""权"等的公开化、透明化管理,为纳税人创造公正、公平、公开的和谐税收环境。同时,按照信息化、专业化下征管运行的规律,梳理、归并、重组业务流程,从而提高工作效率。

(三)充分体现征纳权责明晰的要求

依照现行税收法律法规,合理界定征纳权责,全面构建纳税人自主申报的征管业务流程,全方位取消过去越俎代庖的管理方式。

(四)充分体现风险控制的要求

将日常纳税人容易发生的涉税风险和税务机关容易发生的执法风险,通过节点控制将风险及时化解在事前和事中。

(五)充分体现创新管理方式的要求

一是借鉴金税三期依申请、依职权划分业务的方法,使涉税事项的触发更科学、更合理。二是建立户籍巡管流程,将散落在各具体业务的日常税源管理事项统一纳入户籍巡管流程,实现真正税源管理的规范化、制度化和专业化。三是建立动态管理模式的应对流程体系,使得重塑后的业务流程既支持管户制,又支持管事制,同时还支持管户与管事相结合的模式。四是紧扣涉税事项,本着满足基层需要、满足纳税人需要、满足社会发展需要,打破职能界限,压缩管理层次,减少流转环节,增加不同部门之间组合的可能性和协同性,合理配置征管资源。同时,按照统一、规范、简化、便捷的原则,对业务流程节点涉及的表证单书进行梳理和简并工作,力求表证单书规范、简化。

四、优化税收流程的程序

优化税收流程的程序大致可以分为"观念再造""总体规划""分析评价""明确岗责""优化设计""实践论证""绘制流程图"七个阶段。每个阶段具有其独具的目标和处理方式,因此在流程优化之初就必须要进行统筹规划,建立专业团队进行税收流程优化的实施。

(一)观念再造

要实施业务流程优化与再造,首先要对税务工作人员进行观念再造。税务流程优化牵涉面很广，会对各个部门和工作人员的工作习惯带来改变，再加上人固有的惰性，流程优化必然会遭到各个方面的抵制。因此，必须让税务工作人员了解业务流程优化的意义，明确业务流程优化的重要性。观念再造，要求工作人员对以往熟视无睹的流程模式和运行机制进行重新思考，要求工作人员彻底摆脱头脑中的旧框框，重新勾勒出一个全新的业务流程及相应的组织结构、运行机制。税收流程再造应当重点考虑以下几个方面：

1. 针对工作效率开展流程再造。从精细化管理出发，在每个节点上细化操作步骤并明确工作要求，同时用相应的表单启动下一节点，来解决互相推诿、纳税人反复跑、业务边界含糊不清等问题，提高工作效率。

2. 针对工作质量开展流程再造。抓住质量监控，最大限度地缩小征纳双方信息不对称的差距，提高税源管理质量。

3. 针对优化服务开展流程再造。把业务办理与纳税服务有机结合起来，删繁就简，在纳税服务规范更加细化和具体化的基础上，再造明晰的税收业务和服务要求，从细节上加强可操作性。

4. 针对征管改革开展流程再造。科学地将信息管税、风险管理、纳税遵从等现代税收管理理念融会贯通税收工作全过程，做到统筹实施、协同发展、形成合力，创新管理方式，提高治税能力，解决税收管理自成体系、各自为政的问题。

5. 针对规范执法开展流程再造。明确业务权限、程序、内容、方法、时限，实现不同业务部门之间的科学组合和最大限度的协同、协调，合理配置征管资源，形成按风险管理为导向、征纳权责明晰的税收征管业务链，从根本上解决执法随意性和征管效能低下的问题。

（二）总体规划

流程优化的关键是要明确流程优化过程中的目标是什么，从而找到解决问题的基本思路，目标不同，解决问题的方法将会有很大不同。在前期制度梳理的基础上再次充分研读相关的法律和规章制度，以及能反映流程面貌、流程要求的各种文件资料。如反映法定权限、职能划分、职责分工的规范性文件，以及各种组织序列表、工作流程图、办公布局图等。并且以走访、座谈、实地观察等方式了解有关情况，听取有关反映，对现状及客观需求和可能条件建立明确的认识。最终形成初步的流程优化方案，明确优化税收流程的目标、范围及内容。

（三）分析评价

在前期调研规划的基础上，按照流程优化方案的要求对现有流程进行分析评价，积极探索以流程为导向、建立符合税收信息管理规律的税收事务处理主流程，以税收信息化提高流程运行效率，并以流程导向代替职能导向，整合各类要素和资源，推进税收征管职能重组，建立以纳税人为中心的税收征管流程体系。重点对下面三点内容进行评估：

1. 流程的功能。原来的流程或者因交叉重复严重而增加管理成本，或者因权责利脱节而失去对管理工作质量与效率的保证作用，并会造成税务机关组织结构设计的不合理，形成税务机关管理职能实现与职能发展的桎梏。

2. 价值及其变化。不同的流程对税务机关管理的影响是不同的。随着社会的不断进步，纳税人需求的不断变化，整个流程体系的组成部分和它们的重要性也在变化。因此，应当从整体上把握具体流程的实际价值及其变化。

3. 流程的可行性。要根据变化的现实情况和客观的实际效果，对流程是否有效，是否行得通进行分析。

（四）明确岗位职责

明确岗位职责，在关键节点合理设置岗位，在最大限度内避免职能交叉及权责不均是重构流程或者是优化流程的关键。在确定岗位职责时要遵循以下几个方面要求。

1. 减少行政管理层次，精简管理机构，实现组织结构的扁平化。

2. 根据优化税收事务处理需要，探索建立"收集—核实分析—增值利用"的信息流职能体系。

3. 努力避免职能交叉导致互相依赖、互相推诿，从而有效实现上下联动、立体化、多层次管理。

4. 整合窗口职能，优化服务资源，将纳税人涉税事项前移大厅，实现涉税资料在税务机关内部流转，真正解决纳税人重复跑、多头跑的问题。

5. 以涉税事项为主线，构建科学的岗位职责体系，合理应用人力资源的能级应对原则、动态调整原则。

（五）优化设计

大部分税收流程可以通过渐进性改造的方法完成优化过程。对于某些效率低下的流程，也可以完全推翻原有流程，运用重新设计的方法获得流程的优化。主要有以下几个方面：

1. 优化整合办税流程。全面厘清税务部门内设机构之间的职责界定，明确办税服务厅和相关职能部门的职责权限，统一规范操作流程和办结时限，明确"业务项目、原流程、现流程、办理时限、受理部门、核实或审批部门、出件部门、需提供资料、调查核实方式"9个要素。其中，细化明确了"需提供资料"中的"纳税人直接提供、受理部门交由纳税人填报、核实部门提供、出件部门提供"和"调查核实方式"中的"税收管理员系统、非税收管理员系统用现有表单、非税收管理员系统形成专门调查报告"，做到工作项目清晰、流程顺畅、时间控制、内部监督。

2. 整合管理和服务资源。凡是由纳税人发起的涉税事项，实行办税服务厅集中受理和集中出件。对于即办事项，实现前台窗口及时受理、审核和办结；对于转办和调查、核实、审批事项，由后台人员负责审核、发起调查、转办、录入、流转和出件；对于法律、行政法规明确规定需要实地核查的事项，前台人员受理完毕后，纸质资料由后台人员负责即时转至核查部门调查，交税收管理员在规定的时间内调查完毕后，由办税服务厅告知纳税人审核审批结果并出件。

3. 下放部分文书审批权限。明确内部流转事项，减少流转环节，将车购税最低计税价格备案审批、企业定额核定/调整、普通发票超限量审批、违法违章处罚（2000元以下一般程序）、增值税一般纳税人认定、增值税一般纳税人简易征收审批、企业所得税征收方式鉴定、个体定额核定和调整等文书审批权限下放到办税服务厅和税源管理分局，在政策允许的范围内，力求做到流程最精简、审批最快捷、办税最高效、服务最满意。

4. 规范简并纳税人报送的资料。凡要求纳税人提供的所有涉税资料相同内容只需提供一次，原已提供过的在以后办理其他涉税业务时不需要重复提供。企业财务会计报表（年报）和实行网络申报纳税人的纸质申报表（年度装订成册）全年只需在次年3月底前报送1次，切实减轻纳税人负担。

5. 推行"免填单"业务。通过认真梳理和论证，凡能实行"免填单"业务的均实行免填单,除了能在系统中生成的表单外统一制作模板,由办税服务厅受理人员直接根据纳税人口述或提供的证明资料,将纳税人相关的涉税信息采集录入,核对后打印出制式文书,再由纳税人复核签字确认后,按规定程序办结该涉税事项。

6. 明确业务资料交接机制。办税服务厅前台与后台之间的资料受理审核后即时移交,对需要流转下一环节处理的业务制作《涉税事项启动表》,对内部流转的资料制作《部门资料流转传递单》及《内部流转资料移交目录》,以便在规定的办理时限内办结后即时移交流转。

7. 落实首问责任制。对在办税服务厅窗口即时办结的涉税事项统一制作《办理涉税事项一次性告知书》;对增值税一般纳税人认定、减免税备案审批、退税等后续管理事项所需资料编印《办理后续涉税事项一次性告知书》;制作《办税服务联系卡》《普通发票网络开填系统温馨提示》。实现办理所有涉税事项均实行一次性告知。

8. 坚持管理和服务并重,建立风险防控机制。坚持在管理中优化服务,在服务中强化管理,更加注重实地核查,更加注重数据分析和痕迹管理,进一步加强审核审批事项的事后监控和后续跟踪管理工作,建立风险防控机制,充分发挥税收管理员"走出去管理"的工作职责,凡属于法律法规规定需要调查的事项必须做到实地调查核实并有相应的调查报告等痕迹资料,同时对由税源管理分局和县局两级税务机关都需要调查核实的事项实行联合调查一次性完成。

(六) 实践论证

流程优化是标准化建设的关键环节,要使标准符合实际需求,方便操作,得到大家的认可,就必须进行反复论证。通过在不同岗位的业务骨干中,从上到下反复征求意见、反复论证,找到各链接中的逻辑关系和内在规律,以获得最佳优化理论。

(七) 绘制税收流程图

流程图是一种表示业务顺序和信息流程的图解,它以统一的符号来表示原理或概念,用连接线表示其相互间的关系。通过流程图可全面、清晰地展示税收流程的时点顺序以及各环节的前置条件和后续业务。在税务标准化探寻过程中可以通过绘制规划流程图来表述各项税收业务过程中的工作节点和时间顺序。图4-2展示了云南省税务局定期定额户核定定额业务流程。

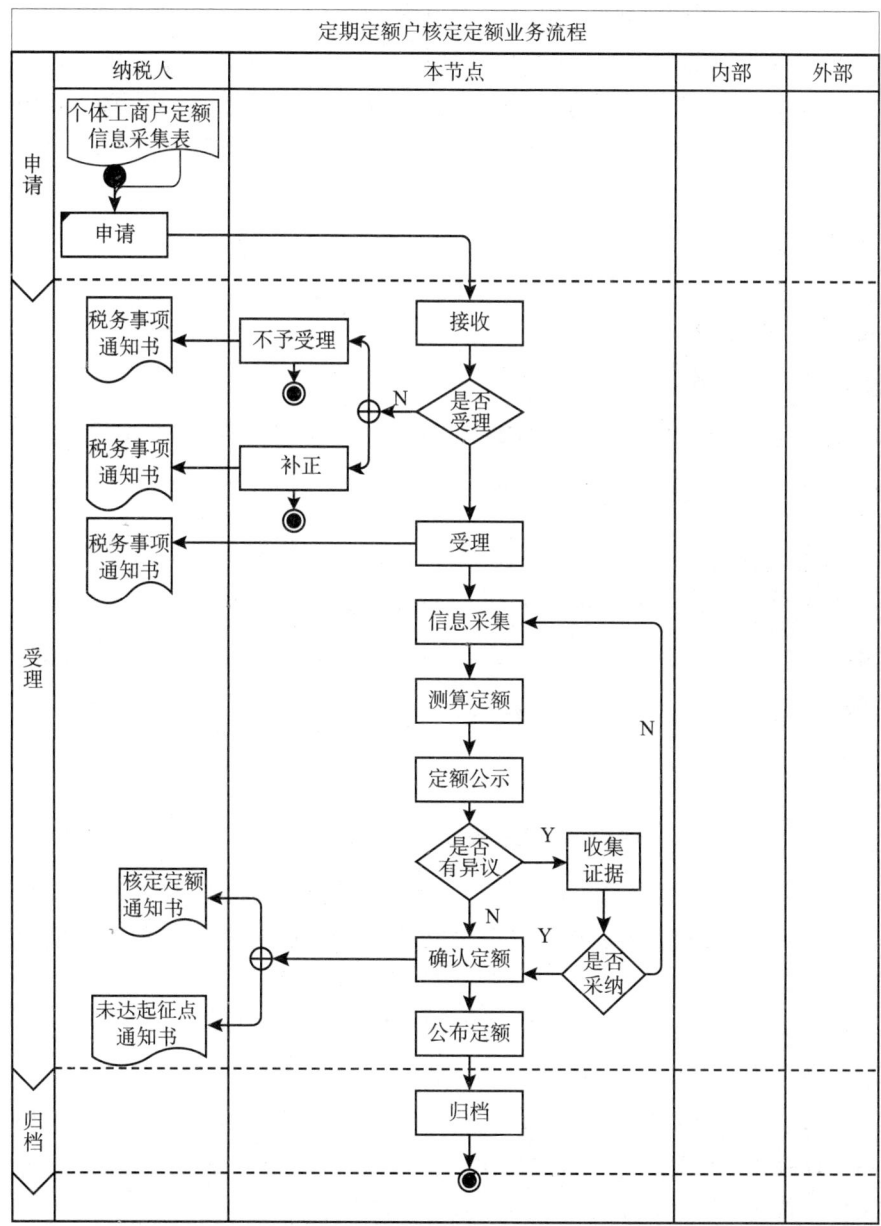

图4-2 云南省税务局定期定额户核定定额业务流程

在经过前期制度梳理，流程设计，反复论证后，就需要将税务流程从文字表述转化为图形符号，以便于读者理解和使用。而绘制流程图就是转化的必要手段，绘制流程图则需要注意以下几个方面。

1. 规范性：绘制流程图过程中必须使用在一定范围内通用、统一的符号标记，图形尽可能简单、图形中的文字务必简要明确。在绘制流程图的准备阶段要事先确定并绘制出所需的符号标记，并赋予各个符号标记所表示的内含以及使用范围。如图4-3表示了云南省税务标准化绘制流程图过程中所采用的各项标记符号。

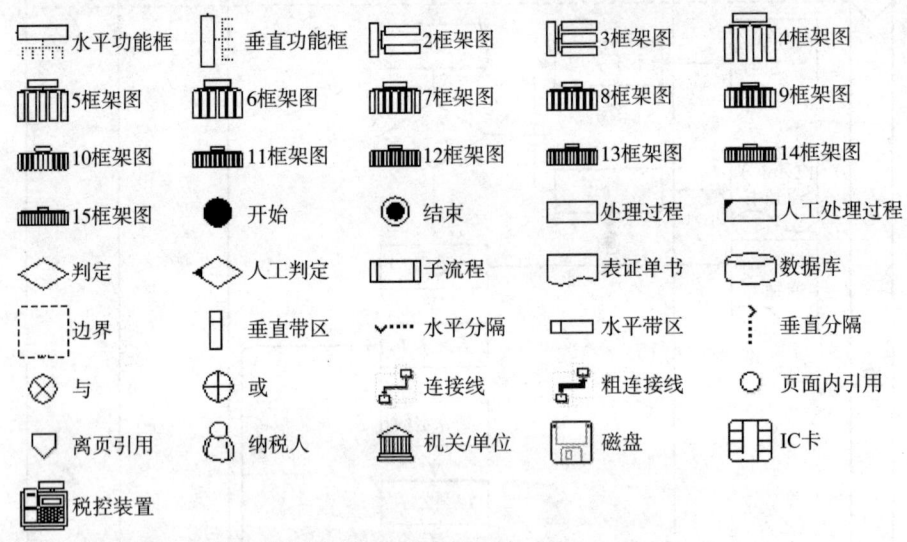

图4-3 云南省税务标准化流程标记符号

2. 可读性：流程图的绘制要尽最大的可能便于读者阅读，在流程图绘制过程中以边界、连接线等形式减少线路的数量，尽量避免出现交叉的流动线路。

3. 有序性：流程图的流程方向应严格按照业务流程的逻辑顺序在页面上呈现由高至低，由左至右的一致性。

4. 完整性：流程图的结构应完整，流程的开始和结束必须使用相应符号表示，除表格图形外，还应准确标明：标题（流程名）、文字说明、各业务事项名称、页数等。

第三节 制定标准

一、税务标准的基本要素

(一) 税务标准的结构

税务标准作为一种规范性文件，其结构的严谨性、规范性，最终决定税务标准文本的质量。虽然编制标准过程中，税务标准对象的不同，导致范围、内容以及部分结构均存在一定差异。但是从根本上来说，税务标准的组成形式和要素都具有通用性和相似性。因此，为确保税务标准体系中的各项标准统一规范，结合《国家标准管理办法》《行业标准管理办法》《地方标准管理办法》的规定，将税务标准的内容总结为资料性要素和规范性要素，其中资料性要素又分作资料性概述要素和资料性补充要素；规范性要素分作规范性一般要素和规范性技术要素，税务标准的要素如图4-4所示。

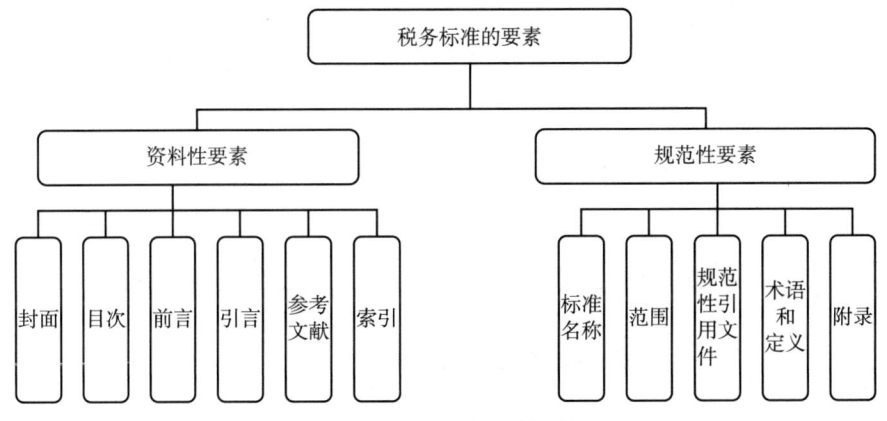

图4-4 税务标准的要素

1. 封面

封面属于必备要素，主要展示标准的名称、发布单位、发布时间、具体施行时间、标准编号等，参照国家标准体系中的范例要求制作封面，具体如图4-5所示。

CXGS

楚 雄 市 国 家 税 务 局 标 准

CXGS ZG(SW) 04 13—2016

一般纳税人简易办法征收认定业务

2016-11-29 发布　　　　　　　　　　2016-11-29 实施

楚雄市国家税务局　发布

图 4-5　税务标准封面示意

2. 前言、引言

前言属于必备要素，主要描述本标准与其他文件的关系以及标准的归口单位、起草单位、起草人以及标准结构等信息，不得包含公示、图和表。引言属于可选要素，主要描述标准内特殊信息的编制说明以及编制标准的原因，税务

第四章　税务标准的制定

标准除需特殊说明的标准外一般不需编制引言。图4-6展示了一个标准的前言部分。

前　　言

本标准按照 GB/T 1.1-2009《标准化工作导则　第1部分：标准的结构和编写》编制。
本标准按照 GB/T 1.1-2009《标准化工作导则　第1部分：标准的结构和编写》编制。
本标准由楚雄市国家税务局提出并归口。
本标准起草单位：楚雄市国家税务局、云南省国家税务局征管和科技发展处。
本标准主要起草人：陈仕刚　董茂志　和江涛　江红宇　李永其　刘东　刘芸　罗灵　罗娴　孙建　王必良　王睿　杨相如　尹丽梅　张福珅　张罗斌　郑欣华（按姓氏拼音排序）。

图4-6　税务标准前言示意

3. 标准名称、范围

标准名称和范围均为必须要素。标准名称应简练并明确表示出标准的主题，使之与其他标准相区分。范围应明确界定标准化对象和所涉及的各个方面，由此指明标准或其特定部分的适用界限，范围的内容分为两部分：一部分交代本标准中"有什么"；另一部分交代本标准能"做什么用"。在特殊情况下也可写"没有什么"和"不能做什么用"。编写标准名称、范围必须保持前后一致，即标准名称中有的内容，在范围中一定要有，标准名称中写不下的内容，在范围中一定要补全。图4-7展示了一个税务标准的标准名称、范围部分。

一般纳税人简易办法征收认定业务

1　范围

本标准规定了税务机关依纳税人申请办理一般纳税人简易办法征收认定业务的条件、业务处理流程、申请、受理、归档、工作要求、涉及业务系统、记录与表格等方面的内容。
本标准适用于一般纳税人简易办法征收认定业务。

图4-7　税务标准的标准名称、范围示意

4. 引用、术语和定义、符号、缩略语

引用、术语和定义、符号、缩略语均为可选要素。规范性引用文件表示标准中规范性引用其他文件的清单，从而减少标准的冗余性。制定实务标准时一般必须引用通用标准文件，规范性引用文件清单的引导语必须采用固定形式。术语和定义、符号、缩略语，均为为了便于理解标准中某些的术语、符号、缩略语所必需的定义，一般情况下术语和定义、符号、缩略语合并至"术语和定义"中表述。图4-8展示了一个税务标准的规范性引用文件、术语和定义部分。

3 术语和定义

下列术语和定义适用于本文件。

3.1

简易办法征收

指增值税一般纳税人生产销售法律法规所规定适用简易办法征收的货物或提供劳务，按其销售额（营业额）和征收率计算应纳税额的征收方式。

图4-8 税务标准规范性引用文件、术语和定义示意

（二）税务标准编号方法

按照税务标准体系构建的要求，将税收征管业务标准体系、纳税服务标准体系、组织保障标准体系和信息标准体系四个子体系，从而将其代号确定为ZG、FW、ZZ、XX。其中，每一项标准体系又按标准适用范围将具体标准分为通用型、实务型和个性型，分别用（TY）、（SW）、（GX）标示。税务标准编号方法如图4-9所示：

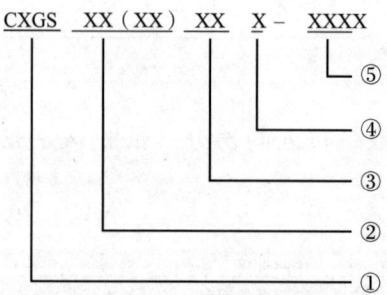

图4-9 税务标准编号示意

其中：①为楚雄市国家税务局税务标准代号；
②为税务子标准类别代号（见表4-3）；
③为税务标准业务类别代号，为阿拉伯数字（见表4-4）；
④为税务标准顺序号，为阿拉伯数字；
⑤为税务标准发布年代号。

表4-3　　　　　　　　　　　税务子标准类别代号

征管标准体系			
类别	代号	类别	代号
征管通用标准	ZG（TY）	征管实务标准	ZG（SW）
征管个性标准	ZG（GX）		
服务标准体系			
类别	代号	类别	代号
服务通用标准	FW（TY）	服务实务标准	FW（SW）
服务个性标准	FW（GX）		
组织标准体系			
类别	代号	类别	代号
组织通用标准	ZZ（TY）	组织实务标准	ZZ（SW）
组织个性标准	ZZ（GX）		
信息标准体系			
类别	代号	类别	代号
信息通用标准	XX（TY）	信息实务标准	XX（SW）
信息个性标准	XX（GX）		

表4-4　　　　　　　　　　　税务标准业务类别代号

	税务标准业务类别	代号	备注
征管标准体系	基础类标准	00	主要包括编码方法、流程
	登记类标准	01	税务登记相关的涉税业务
	发票类标准	02	发票管理相关的涉税业务
	税收优惠类标准	03	税收优惠相关的涉税业务
	认定管理类标准	04	税收认定管理相关的涉税业务
	证明业务类标准	05	税收证明相关的涉税业务
	申报类标准	06	申报相关的涉税业务
	征收类标准	07	征收相关的涉税业务
	税务稽查类标准	08	税务稽查相关的涉税业务
	收入核算类标准	09	税收会计统计核算相关的涉税业务
	税收法制类标准	10	税收法制相关的涉税业务
	日常管理类标准	11	税源日常管理相关的涉税业务
	征管档案类标准	12	征管档案管理相关的业务
	个性类标准	99	各地因地制宜制定的特殊标准

二、制定税务标准的流程

（一）总体思路

针对税收征管业务标准体系、纳税服务标准体系、税务保障标准体系和信息标准体系存在共性业务与具体业务的实际情况与流程优化的成果，制定标准时将税务标准划分为通用标准、具体标准。也就是说，在标准体系中凡是通用的流程、通用的业务均采用通用标准表述，以便相互调用，如涉税备案流程，由于各税种均存在涉税备案业务且频繁使用该流程，因此涉税备案流程就用通用标准来表述，对于独立的业务则采用实务标准表述。为了有效解决统一规范与因地制宜的关系，税务标准体系增设个性标准。个性标准只能在制定个性标准的税务机关辖区内使用，一旦个性标准被其他地区采用，则个性标准可以转换为强制使用的实务标准。最后，按照便于检索、便于利用的原则对相关税务标准文件进行科学合理分类。

（二）制定税务标准的流程

税务标准的制定采用"经验标准+超前标准"的制定模式。制定标准的工作大致可分为三个阶段，一是确定制订标准计划项目阶段，二是进行编写、审定标准阶段，三是标准审批、发布阶段。在税务标准的制定中，按税务标准体系的构建要求和编制目标，税务标准的制定将按照以下八个程序进行，如图4-10所示。

1. 确定税务标准项目计划

税务标准项目计划必须立足于现在、展望并预测未来税收工作的发展需要，在税务标准化发展战略指导下拟定目标和任务。标准计划项目的制定应依次进行必要性论证、可行性论证、拟定标准内容提要、确定标准的原则和依据、拟定制定标准的工作大纲等工作。

（1）进行必要性论证。

主要明确是否应制定标准、制定标准的目的和意义、标准的适用范围和应用领域、初步拟定标准的主要结构和内容。进行制订标准计划的可行性论证，主要论证的目的在于弄清制定标准的时机是否已成熟，制定的条件是否已具备，制定后实施有何困难，如何解决等。论证的主要内容：一是制定标准的适

第四章 税务标准的制定

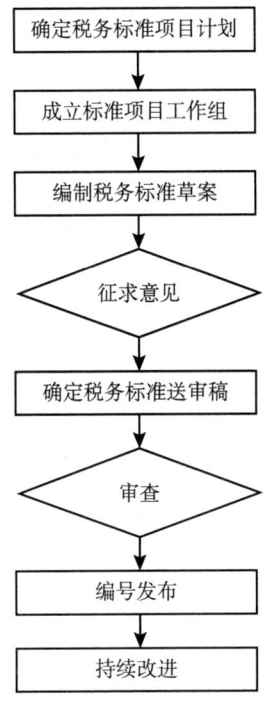

图 4 – 10　税务标准制定的程序

时性，包括条件的成熟程度和现有发展的需要。二是制定标准的条件，包括有适当的制定标准的单位和有实施标准的可能性。三是有足够的基础资料，标准内容的完整、全面、准确、合理，很大程度上依靠对收集来的资料的整理、归纳、分析、对比。

（2）制定标准工作大纲的拟定。

经过标准计划项目的必要性和可行性论证后，可以初步拟定制定标准的工作大纲。层次清晰的大纲有利于控制整个制定标准工作量的大小、工作难易程度和复杂程度、需要进行实践验证的项目数量、大致的工作进度、完成时间，等等。

2. 成立标准项目工作组

根据工作量的大小和难易程度成立标准项目工作组，成员由掌握税收业务知识和标准化技术的人员组成。项目组成立应深入具有代表性的单位和部门开展调查研究，全面收集资料，编制可行工作方案。尽量做到完备、周密、详细。主要工作过程如下：

（1）组成起草标准的工作组：由制定标准的负责起草单位物色对此标准内容比较熟识的、有代表性的、有权威的单位组成起草标准工作组。工作组的人员多少、人员比例，依照标准内容来确定。

（2）起草标准工作组商定工作计划：起草标准工作组成立后，先就制定标准的目的、要求、涉及的标准内容统一认识，然后拟定起草标准的工作计划。

（3）拟定标准内容的构成及起草依据：拟定标准的构成及其主要内容，如范围、要素的各个部分等。

（4）收集有关资料：尽可能多地收集省内外相关业务的标准资料以及有关政策依据。对收集好的资料，吃透原文原意，弄清来龙去脉，有助于后续编写工作恰当取舍。

（5）专题的调查研究：对标准中的关键问题或难点问题进行专门的调查研究，弄清问题产生的根源、影响、解决办法等，为确定标准内容提供可靠的依据。

3. 编制税务标准草案

在前期的项目计划完成和项目组成立后，标准的制定对象已经确立，则根据既定的税收流程、岗责体系、关键节点等进行标准编制，根据业务实际以及风险管理总体要求提出资料归档要求、工作质量要求、时限要求、服务要求等。

4. 标准送审稿的提出

标准送审稿应是被认为已成熟的、经审查后可定稿的标准稿。提出标准送审稿一般应经过下列程序：对征求来的意见进行归纳、整理，逐条由起草人提出处理意见，然后经标准起草工作组集体讨论、确定。税务标准在形成送审稿之前必须对税务标准草案征求意见，通过将税务标准草案（征求意见稿）向基层税务机关及广大税务干部征求意见。并根据反馈的意见，逐一分析整理研究，并据此修改完善税务标准草案，从而确定税务标准送审稿。

5. 审查税务标准送审稿

根据以下内容，对税务标准送审稿进行审核：

税务标准的规定是否违反税收法律法规的规定，是否与相关的上级标准和同级标准抵触；税务标准的内容是否符合税收工作的实际，是否符合社会经济发展的需要，是否采用先进的做法；税务标准的规定是否反映了各方的意见；

贯彻税务标准的要求、措施和过渡办法是否可行；税务标准的制定是否符合我国标准制定的基本规定。

6. 税务标准批准和发布

根据税务标准的层级，报送相关标准化管理部门审批、标号和发布，确定税务标准的实施日期。

7. 税务标准的持续改进

根据税收工作的发展需要，对税务标准进行更改、补充和定期复审，该部分详细内容会在后续章节进行讨论，在此不再赘述。

第五章 税务标准的实施

第一节 实施要求

一、实施税务标准的含义

标准的实施是指有组织、有计划、有措施地贯彻执行标准的活动,是将标准规定的各项内容贯彻到服务(产品)实现、经营管理、使用维护等领域的活动过程,是整个标准化活动的重要环节。标准实施的程度直接关系到标准的运行效果。税务标准化工作的重要任务是实施标准,不仅要实施自己制定的各类标准,同时还要实施与税收征管服务相关的国家标准、行业标准和地方标准。只有通过标准实施,才能体现标准的作用,才能正确地评价和改进标准。税务标准实施工作往往涉及税收征管、纳税服务的方方面面,涉及管理者、工作者等各类人员,是一项比较复杂的活动。

二、实施税务标准的要求

税务标准化属于标准在税务机关的运用,税务标准的组织实施参照了服务业标准实施的基本原则,包括系统性、有效性和持续性三原则。

(一)系统性原则

税务标准的实施应坚持系统性原则,统筹兼顾,有计划、有步骤地进行。实施标准的过程中应关注相关税务标准间的协调性,所有税务标准应作为一个整体实施,以保证税务标准实施的总体效果。

1. 实施税务标准的过程要遵循系统性原则:一方面,税务标准中可能做出税务标准实施的多项规定,且这些规定往往存在相互联系、相互制约的关系;另一方面,税务标准中也有一些具体规定,在实施时,往往涉及多方面因素。因此,实施一项税务标准,应该全面、系统地考虑,做到统筹兼顾,取得最佳实施效果。

2. 税务标准的实施涉及多个环节:税务标准实施涉及多个环节时,常常需要税务系统内多个部门、多方面人员参与,因此,需要做到统筹兼顾,有计划、有步骤地进行。

3. 统一实施多项税务标准,需把握标准间的协调性:既要保证各项税务标准都能实施到位,又要保证各活动间相互衔接,避免矛盾、交叉。每项税务标准都有其特定的功能和作用,因此,应把实施的所有税务标准看作一个整体加以实施,这样才能实施最佳的整体效果。

(二) 有效性原则

税务标准的实施应坚持有效性原则,把保证安全、保护环境、促进绩效和整个行业健康发展作为首要目标。实施标准,应因地制宜,注重实效,实现效益最大化。

1. 保证安全,保护环境:一般在相应的法律法规和强制性标准中会有明文规定,加入服务业标准的组织应严格执行。"保证安全、保护环境"是执行标准化的责任和义务,是实施标准有效性的重要体现,因此作为首要目标。

2. 促进质效的健康发展:"促进质效的健康发展"作为税务标准实施的首要目标是毋庸置疑的。实施税务标准时,要顾全大局,局部服从整体。在这里要强调实施税务标准要尽可能贯彻实施国家标准、行业标准、地方标准。

3. 因地制宜,实事求是,讲究实效:税务标准中一般对共性的问题会做出统一规定,但在不同的单位,因机构设置、人员分配、技术状况和相关条件的不同,在保证税务标准的贯彻执行的同时,因地制宜地考虑实施过程中的各个环节,合理配置资源,讲究实效,尽可能实现效益最大化。

(三) 持续性原则

税务标准的实施应坚持持续性的原则。实施税务标准应使各环节符合标准要求,并不断改进实施方法,提升实施效果。

实施税务标准是一个不断重复的循环过程,应使每一个循环的各个环节均符合税务标准要求。但这个循环不是简单的重复,是一个不断改进螺旋上升的过程,需不断改进方法,提高实施效果。

三、实施税务标准的保障

为确保税务标准化工作顺利开展,培训到位是保障,务必做到培训工作有计划、有重点、有目的地进行,结合工作实际,按照标准编制、修订、执行、审维等工作要求,制订标准培训工作计划。培训计划可分层次、分内容、分批次自上而下层层推进,分别针对领导、部门领导、部门审维员及全局干部,做到"全员、全局、全过程"的培训。

(一)培训的主要阶段

培训的主要阶段可分为:管理层培训,标准编写培训,标准执行培训,标准审维培训,进行标准化工作的全局总动员,确保全方位执行到位。

1. 管理层培训:召开管理层会议,并以会代训的形式安排部署标准化创建的推进工作;

2. 标准编写培训:组织对标准编写人员进行标准的内容、格式、软件应用等的辅导;

3. 标准执行培训:对标准的编写及执行部门,分别由标准主控部门进行培训辅导,确保标准执行的有效性;

4. 标准审维培训:组织审维员熟练掌握标准内容及要求,对标准运行各阶段进行自我评价,查找不足,持续改进;

5. 动员大会:由最高管理者发布标准,进行全体动员,确保全面执行。

培训计划还可对培训的组织安排、培训纪律、考试、总结等方面做出明确规定。

(二)培训的主要内容

做好税务标准化工作,加强培训、大力宣传、培养人才是根本,组织审维员进行标准化运维及操作培训,为今后标准化工作的持续推进和不断完善奠定基础。

税务标准化运维工作是推动标准化工作落实到位非常必要的举措,为进一步提升和加强税务标准化运维管理体系的工作水平,加强单位内部及部门间标准化运维工作的密切配合，切实发挥各相关部门对运维体系的督促和促进作用，组织标准化运维人员进行结构、分工、工作职责和运维工作重点、具体操作等方面的培训，培训主要内容包括：

1. 绩效管理和标准化辅助管理系统运维的联系；
2. 标准化信息管理系统考评模块和考评体系；
3. 标准化工作日程运维及操作培训；
4. 标准化工作的总体要求；

培训将税务标准化的理论和实践相结合，全方位、系统地对税务标准化推行工作进行培训。

第二节 实施方法

根据税务标准的特性不同，可选择下列实施方法。

一、过程法

过程法是指按照业务过程实现的时间顺序来实施税务标准的方法。针对业务流程制定的有关标准，一般可采用这种方法进行实施。采用过程法实施税务标准要注意实施过程中各个阶段之间的相互衔接，上一个阶段实施税务标准的好坏，可能直接影响下一个阶段的实施，甚至当有一个环节没有很好地贯彻标准，将影响整个标准的实施效果。

二、要素法

要素法是指按照业务要素来分别实施税务标准的方法。当税务标准是按照业务活动或结果的各个要素给出要求时，可采用要素法来实施。要素法实施税务标准应注意各要素间的关联性。

有些标准是按照要素分别提出要求的，各要素间虽有关联，但没有严格的时间上的关联性。例如《环境标准》《设备管理标准》等，就属于这类标准。

在标准实施过程中，有时很难严格界定是采用"过程法"还是"要素法",常常两种方法需结合使用,这要根据实际情况确定。

三、具体做法

(一) 修订税务标准

税务标准实施环节,税务标准化文件的修订及完善是基础,规范文件的操作是关键,从标准化文件修订入手,把文件的适宜性、规范性、协调性、可操作性四方面作为重点内容进行完善。

1. 文件的格式规范性:文件必须符合上级的相关规定,必须符合标准化编制格式要求;

2. 文件与文件之间的协调性:各文件既是独立的个体文件,但又必须实现有效连接保证一项工作有始有终的贯彻执行;

3. 文件的可操作性:文件不仅要符合上级规定和编写规范,还必须便于基层税务工作人员学习操作;

4. 文件执行情况的检查记录:通过完善检查记录,方便掌握每个文件执行情况进而掌握涉及工作的完成情况;

5. 文件的创新性:立足于基层工作实际,认真思考工作现状,提出一些提高工作效率,具有创新亮点的工作思路和工作方法。

通过对标准的实施查找不足,找差距、补短板、抓完善、抓提升、促落实,是一个持续完善的过程。促进标准化工作的质效不断提升,而且实现了对工作的有效指导;完善文件执行情况的检查记录,及时掌握工作进展情况,发现问题及时修订文件,保证工作高效有序的开展;通过发现问题、修订文件、优化执行、创新工作,持续开展标准化工作落实的优化提升。促进标准化项目工作的深入推进,不断规范、提升各项工作的进步。

(二) 完善考核体系

制定具体实用的标准化考评指标,对制定的考评指标明确考评周期、数据来源、主控部门和考评对象。通过合理设置考评指标和考评标准,以标准为绩效的基础,用绩效做标准的验证,注重过程管理,建立规范的绩效管理工作流程和运行机制,保障标准的有效实施。

（三）应用信息系统

建立一个起到支撑保障作用的信息管理系统，研发《税务标准化信息管理系统》作为开展标准化建设工作的运用系统，围绕标准化管理的需求，实现文件管理、考评管理、工作计划和总结管理等十多项功能的信息化管理手段，实现标准的纸质化向信息化转变提升，助推标准化的前进步伐。

（四）培养干部队伍

培养一支务实进取的干部队伍，切实发挥各相关部门对体系运维的督促和促进作用，在推标办下设审维组、考评组、技术组。培养一批既懂业务又懂标准化知识的复合型人才，组织管理层、各部门标准化体系审维员及全体干部职工开展标准化业务培训及考试，不断提高标准化工作能力。

第三节　实施监督

一、税务标准实施监督的含义

为进一步加强和提升税务标准化建设工作，在顶层设计上围绕全国税务工作会议提出的"建立完备规范的税法体系、成熟定型的税制体系、优质便捷的服务体系、科学严密的征管体系、稳固强大的信息体系、高效清廉的组织体系"的未来税收工作方向展开，在实施过程中按照国家税务总局制定的《税务行业标准管理办法》运行，围绕税收征管、纳税服务、行政管理、信息化建设四大体系的标准化基础建设工作要求，做到事事有标准、事事有流程的操作规程，需对税务标准实施进行监督。

税务标准实施监督是税务机关对税务标准贯彻执行情况进行督促、检查、处理的活动。目的是促进标准的贯彻，监督标准贯彻执行的效果，考核标准的先进性和合理性，通过标准实施的监督，随时发现标准中存在的问题，为进一步修订标准提供依据。标准实施监督可分为事前监督、事中监督和事后监督，税务标准实施监督需通过建立税务标准化管理制度进行保障。

二、税务标准化管理制度

税务标准化管理制度是指符合和应用特定范围的标准为基础的管理体系。税务标准化的管理对象是有重复性的税务活动,其管理就是要以税务标准为基础,充分运用税务标准化的原理和方法,集成应用各种现代管理技术和手段,实现税务组织管理体系和各项税收征管工作的规范、高效运作,其核心的要求就是按照税务标准做事,做事结果达标。为达到这一目标建立了以下几个方面的具体方法。

(一)设立标准化办公室并下设审维小组

设立税务标准化办公室并下设审维小组,各小组日常工作按以下要求开展:

1. 各部门审维员对本部门涉及的税务标准化管理体系日常运行工作(如本部门月计划上报、目标任务书反馈和措施制定、日常工作考评、标准化文件修改等)进行监督和审维,发现问题及时提醒部门领导加以解决,按月填报《审维员日常工作记录表》,并上报所属审维小组组长。

2. 审维小组实行组长负责制,每月收集和整理本小组审维员对本部门的《审维员日常工作记录表》,并进行检评,督促组员切实履行审维员日常工作职责。

3. 各审维小组每季度根据情况,自行安排一次本组审维员小组会议,交流本组日常审维工作、体系运行开展情况及存在问题,并提出意见、建议,形成书面结果上报标准化运维办公室。

4. 推标办每半年根据情况,召开审维小组组长会议,对相关工作进行总结、分析和安排。

5. 各审维小组根据区局统一安排,负责交叉实施每半年一次的标准化管理体系内审。根据每次具体的内审情况,审维小组编制内审检查报告,对不符合项提出整改措施并督促限期整改。

6. 各审维小组配合开展每年一次的标准化管理体系外审工作,并负责对外审后专业机构的外审意见和要求进行落实督办和跟踪问效。

(二)加强标准化文件制定、修订工作

加强税务标准化文件制定、修订工作,因税收政策法规、工作流程、岗位

职责、规定时限变动等原因需对本部门主控涉及文件标准内容进行制定、修订时，主控部门、标准化办公室和各部门审维员均应对标准制定、修订提出意见建议，经逐级报批后及时完成标准的制定、修订工作。标准的修订采取适时修订、月度修订、季度修订和年度修订四种。

1. 适时修订：因政策法规、工作流程、执行时限及岗位职责变动等原因导致标准化文件内容发生变化，主控部门需于变动产生后的次日提出修订意见上报标准化办公室。

2. 月度修订：各主控部门需每月汇总审维员、执行部门和本部门的修订意见于每月25日前提出修订意见上报标准化办公室。

3. 季度修订：主控部门需每季度对本部门的标准化工作进行总结回顾，发现工作中存在的问题或者有应修订未修订的文件，在季度终了后5日内提出修订意见上报标准化办公室。

4. 年度修订：主控部门需每年12月对本部门的标准化工作进行总结回顾，发现工作中存在的问题或者有应修订未修订的文件，在年度终了后5日内提出修订意见上报标准化办公室。

5. 新增标准立项和现有标准中的内容、引用文件及相关记录修订的具体操作程序按《税务标准化体系运维管理》中的相关规定开展。

各部门审维员及领导要及时监控本部门运维工作的开展情况，发现需修订的文件及时提请部门完成修订。标准化运维办公室须及时受理主控部门的文件修订申请，安排相关人员完成标准化的修订。对未及时完成修订、未按时上报修订意见，未及时受理修订意见的部门和个人严格考评。

(三) 加强日常工作考评

加强日常工作考评需适时梳理考评指标，适当归并精简，使之更符合工作实际。

1. 针对考评系统的业务需求，由技术组负责进行持续改进完善；

2. 为了使考评工作更贴近工作实际，不断修正考评分值，设置弹性档次分值、设置警示机制，使考评指向更加明细、更加具体、更具说服力，体现考评宽严有度、奖惩分明；

3. 进一步规范考评工作程序及申辩调整范围，确保考评工作的严肃性、公正性；

4. 具体协调处理好标准化考评与绩效考评、目督考评的汇总整合和考评兑现工作;

5. 通过考评工作,锻炼和培养审维员的业务技能和操作水平,持续提升税务标准化管理制度的考评工作及质效,有效推动税务标准化体系的运行,定期组织审维员参与对税务标准化管理制度的落实及日常工作考评的全过程。

(四) 加强信息化手段支撑

为提升和加强税务标准化运维管理工作水平,有效落实运维工作的实施,切实发挥各部门对税务标准化运维体系的督促作用,研发标准化信息管理系统,来实现标准的信息化管理。

1. 针对标准化工作的开展,通过建立系统研发与标准化建设同步机制,招标引入第三方技术力量,围绕标准化管理的需求,重点实现电子化向信息化的转变提升。

2. 研发税务标准化信息管理系统,依托系统实现对标准化文件的管理、考评工作的管理及相关日常工作的监控管理。

3. 信息管理系统实行分类授权管理,由标准化运维办公室按照工作需要确定用户角色并交由信息中心授予相应权限。

4. 标准化运维办公室负责组织信息管理系统的应用培训,培训时间每年不少于一次,培训对象及培训内容依据工作需要确定。

5. 信息管理系统的日常数据维护、应用需求收集由信息中心负责。

6. 标准化运维办公室根据工作需要确定信息管理系统升级优化工作,并负责安排服务单位完成相关技术工作。

7. 各部门应加强对信息管理系统的综合利用,结合对照标准实施情况,提出措施建议。

第六章 税务标准的评价和改进

税务标准体系评价和改进是税务机关标准化工作的重要组成部分，通过标准实施评价和改进可以发现标准自身和实施过程中存在的缺陷和不足，能够更加科学、客观地评判税收工作的开展情况，并通过制定纠正措施，改进工作流程规范业务操作、完善标准体系，提高税收征管和纳税服务质效。

第一节 税务标准的评价

一、税务标准评价的含义

为保证税务标准化体系的适宜性、充分性、通用性、持续性和有效性，每年定期对已经建立和实施的税务标准体系进行自我评价确认，或者邀请其他相关社会组织进行监督审核，是评价活动方案的核心部分，是税务标准创建单位不断改进和自我完善标准化工作的有效方法，是推动日常工作和标准化工作的重要措施。

二、税务标准评价的原则

为了确保标准化评价结果能够准确地反映实际情况，评价必须遵循以下四项原则：

1. 客观公正的原则，评价必须以客观事实为依据，秉承公正客观的态度，保证评价过程及结果的独立性和公正性，对标准的贯彻和实际工作给予公正的评价。

2. 科学严谨的原则，评价人员应具备一定的专业知识和科学严谨的态度，对评价工作采取科学的评价方法，保证评价结果的准确性。

3. 全面准确的原则，在全面掌握标准体系建设情况前提下，对评价审核工作制定抽样方案，确定能充分覆盖被评价单位主要工作的评价指标，能全面准确地反映评价实际情况。

4. 标准与实际对照相符合原则，评价工作必须以标准化文件为基础对照实际工作开展情况进行评价，做到符合工作实际并且有利于实际工作的开展。

税务标准化的评价原则需在标准化评价原则的基础上，结合税务工作的特点开展评价，以客观公正、科学严谨、全面准确的态度，对税务标准化体系运行进行评价，保证税务标准化体系建设的系统性、前瞻性、动态性，提高税务标准化工作质效，促进实际工作开展。

三、税务标准评价的要求

1. 做好组织准备

设立评价机构，明确工作职责和权限，按不同部门或者岗位组成评价小组，小组成员必须对相关业务知识、系统操作技能、岗位设置较为精通，熟悉标准及实施的有关要求，有一定的评审能力。

2. 确定评价方案

（1）做出评价的总体安排

在对标准的实施进行评价之前，应制定有针对性、周密合理的评价安排，以保证评价结果的准确性，具体内容为任务分工、时间安排、工作总体要求等。

（2）确定评价方法

标准化建设工作涉及面广、内容复杂，编制的标准和体系流程复杂，一般可以采取案头检查、实地抽样、逐项检查和痕迹检查等方式进行。

（3）建立评价指标体系

指标体系应尽可能地反映标准要求，确定评价什么、从什么方面评价、怎样判断出现问题、如何反馈发现问题。

3. 每年度开展一次内部审核评价

4. 有条件的每年进行一次社会相关机构确认的监督评审

四、税务标准评价的内容

(一) 评价是标准化工作的核心

评价税务标准是对实施标准符合性、有效性和实施效果的评价,是评价机构和评价人员开展评价的依据和尺度。评价的内容和要求标准,可分为对税务标准化体系的评价和税务标准文件实施效果及满意度的评价。具体包括以下内容:

1. 是否完全完整符合实际,是否具有广泛的指导意义;
2. 所执行的各项税务标准之间是否做到协调统一;
3. 是否符合相关法律法规的要求;
4. 是否符合标准制定单位发展的需求;
5. 税务标准是否符合持续改进的长效机制。

(二) 税务标准化评价的内容

税务标准化评价的内容应在标准化评价的基础上结合税务工作特点制定评价内容,具体包括:

1. 标准化文件内容是否符合相关税法、暂行办法和管理规定的要求;
2. 标准化体系的覆盖范围是否包括被评价部门主要工作,是否对工作具有指导和推进作用;
3. 标准化体系是否符合提高征管质量,优化办税流程的工作要求;
4. 标准化体系能否服务纳税人,为纳税人提供优质高效服务;
5. 标准化体系能否贯彻持续改进的机制,实现税务工作与实际要求相适应的要求。

五、税务标准评价的程序和方法

(一) 评价的程序

评价的程序是指对标准化工作开展评价规定的工作程序和方法,从而保证评价工作顺利开展,一般包括以下程序,如图 6-1 所示。

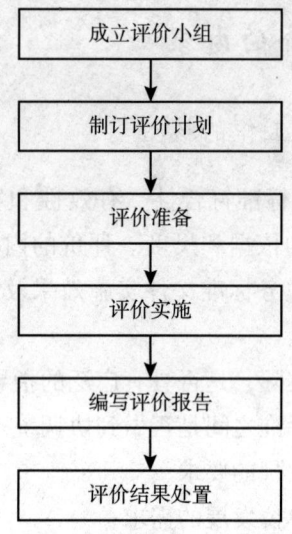

图6-1 标准的评价流程

(二) 评价的分类和方法

评价可分为自我评价和外部机构评价两类。评价一般采取案头审查和实地调查方法进行，可以采取查看记录和报告、过程验证、观察提问、满意度测评。标准的评价方式如图6-2所示。

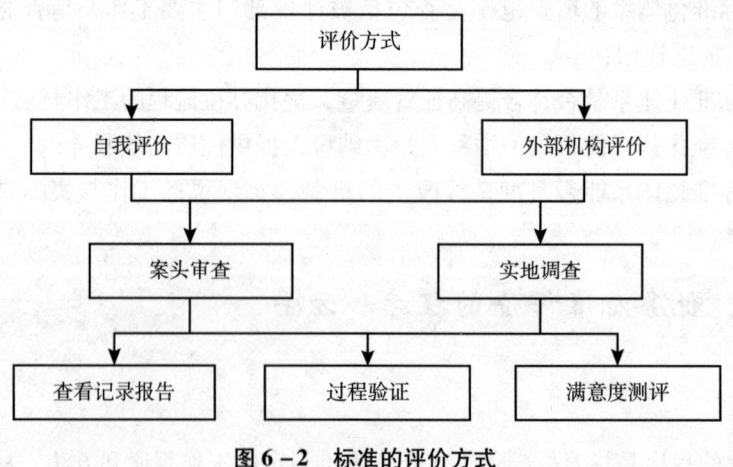

图6-2 标准的评价方式

1. 自我评价

管理层挑选业务技术强，有一定评价经验和工作责任心的人员成立评价小

第六章 税务标准的评价和改进

组，按照评价方案，通过案头审查和实地调查，查找标准化体系与实际工作是否相符以及工作中存在的问题，制定行之有效的纠正和预防措施，使标准化体系和日常工作获得改进，确保标准的有效性、准确性和实效性，并进行数据分析处理制作评价报告。评价报告内容包括：

（1）评价报告的名称、编号；

（2）评价的时间、地点、参加人员；

（3）评价的目的；

（4）评价的简要过程，对评价部门的肯定、发现的问题及改进意见；

（5）评价结论；

（6）评价中发现的问题，提出纠正和预防的措施，对出现问题处置的跟踪反馈。

2. 外部机构评价

每年邀请有资质的相关社会监督机构进行监督评审，具体可以由国家和地方有关部门针对标准实施情况进行评价，评价方法和程序与自我评价基本相同。

（三）税务机关实施评价的方法和内容

1. 自我评价

税务机关应根据工作需要每半年进行一次自我评价，评价的内容包括：

（1）税务标准化体系的运行是否正常，运行过程中是否存在问题；

（2）税务标准化文件是否与实际工作相匹配，对实际工作是否具有指导作用。

2. 外部机构评价

税务机关应每年邀请相关的机构对税务标准实施情况进行评价，具体的机构自行确定。

（四）税务机关开展标准化评价的做法

推行标准化体系的税务机关在推行过程中，应始终以"不忘初心，牢记使命"为根本，坚持以提高税收征管和纳税服务质量为目标，坚持领导重视、全员参与、过程控制、持续改进的工作方式，坚持标准化与信息化同步建设、标准化与绩效化互相促进的推进步骤，采取多种行之有效的措施开展工作，逐步建立一套有税务工作特色的标准化体系，体系包括一个标准化信息系统，一套有税务特色的标准化文件，一组行之有效的考评体系，建立一支审维员队伍，通过体系的有效运转保证每年开展两次自我评价、一次到两次外部机构的监督审核。

1. 自我评价的做法

（1）成立评价小组

税务标准化体系评价小组由审维组人员中精通税收业务知识，熟悉标准化工作，工作态度积极主动的人员挑选组成，保证自我评价能顺利实施并发现问题，促进标准化体系和税收工作的提升。

（2）部门自查

要求各部门要结合自身实际，对涉及标准化文件制修订、标准化文件执行情况、标准体系的规范性、协调性、可操作性存在哪些问题；标准化文件的编写格式是否规范；标准执行过程中存在哪些问题；标准化工作的实施检查记录（如部门对标准化的学习记录、会议记录）是否完整，标准化信息系统运行使用情况。同时，针对标准化日常运维的各环节进行自查。

（3）制订评价计划

推行税务标准化工作办公室根据每年工作重点，结合标准化运行情况，制订标准化自评价计划，确定评价小组工作人员、分组情况、自评价的相关内容、评价开展的时间等，通过标准化信息系统发布，各评价小组根据计划开展评价工作。评价内容可以根据每年工作重点和工作需要的不同做适当调整。评价基本内容包括以下几点：

①标准化文件修订情况；

②标准化文件执行落实情况

③标准化绩效考评情况；

④标准化信息管理系统应用情况；

⑤审维员日常工作记录；

⑥部门月计划；

⑦网站通知回复情况；

⑧资料上报情况；

⑨质量目标完成情况；

⑩环境卫生情况；

⑪考勤及外出去向管理情况；

⑫着装上岗情况。

第六章 税务标准的评价和改进

(4) 评价实施

制订评价计划后,召开评价工作安排会,安排各小组分工,各小组根据分工对自己负责的部门进行评价,评价采取先案头审核再实地检查的方式进行,案头审查重点对标准化文件修订情况、标准化绩效考评情况、标准化系统运行情况、审维员日常工作记录、部门月计划上报情况、工作网站通知回复情况、质量目标完成情况等可以通过系统检查验证的工作内容,经过案头审核后发现疑点问题,整理汇总疑点问题后有针对性地开展实地检查,检查重点为案头审查发现问题、标准化文件执行情况、环境卫生情况、着装情况、考勤及外出去向管理情况等。

(5) 编写评价报告

评价实施结束后,各小组汇总评价情况编写自评价报告,格式如表 6-1 所示。

表 6-1 服务标准化试点自评价报告

受检查部门	×××	部门负责人 或岗位员工	××	
序号	检查内容和要求 (按《服务标准化试点评估计分表》填写代号和内容)		检查记录	结论

	2.1 基本要求
	标准体系总体要求抽查
	    询问该部门职责及工作内容;查看部门标准清单;询问本部门贯彻国家安全、卫生、环境和保护纳税人合法权益等有关法律法规的要求;查看本部门相关标准对法律法规要求的贯彻符合性。
	体系规范性抽查
	a) 抽查该部门主控标准,所抽查标准文本符合 GB/T 24421 和 GB/T 1.1 的规定;抽查该部门标准体系表,各类标准流程号从 01-09 的顺序应符合按流程看,符合流程顺序先后秩序;或按要素看,属于使用广泛频繁、使用范围等特点,不得随意排列。
	b) 所抽标准文本结构合理、层次分明、内容具体,文字表达准确、严谨、简明、易懂,术语、符号统一。
	c) 标准文本内不得出现口头用语,无法证实和监控的标语式内容等。
	体系完整性抽查
	    查看该部门标准体系是否包括职责范围内应有的通用基础、服务保障和服务提供子体系的内容,检查有无标准文本缺失。			

(6) 反馈评价发现问题

评价工作结束,推行税务标准化工作办公室汇总发现的问题,制作《标准化自评价内审报告》将发现问题反馈至被查部门,要求部门制定纠正措施,整改自查发现问题。

《标准化自评价内审报告》格式如表 6-2 所示。

表 6-2 标准化自评价内审报告

内部评价:确认税务标准化体系作为一个整体的持续符合性和有效性,以及与体系的持续相关性和适宜性。税务标准化评价的内容应在标准化评价的基础上结合税务工作特点,制定评价内容,具体包括: ①标准化体系的覆盖范围是否包括税务机关的主要工作,是否对工作具有指导和推进作用; ②标准化体系是否符合提高征管质量,优化办税流程的工作要求; ③标准化体系能否服务纳税人,为纳税人提供优质高效服务; ④标准化文件内容是否符合相关税法、暂行办法和管理规定的要求。
涉及的产品(服务)/活动　　　　　　　　　辖区内税务工作管理及相关管理活动
评价依据:×××标准×××条款
负责人:×××　　　　　　　　　　　　　　　日期:××××年××月××日
一、基本情况 二、存在问题
制表人:×××　　　　　　　　　　　　　　　日期:××××年××月××日

2. 外部机构评价

每年邀请中国质量认证中心和质量技术监督局等相关单位到税务机关开展监督检查,评价流程为:检查前准备—召开外审首次会议—实地核查—召开外审末次会议—反馈发现问题—制定纠正措施。

外部单位审核主要从以下几方面对税务机关标准化运行及日常工作情况进行审核：

（1）核实被审核单位的基本情况，包括被审核单位的基本信息、审核准则、审核目的、审核范围、审核组构成。

（2）案头审核，包括收集客户简要、标准化文件编写情况评审等。

（3）实地审核，开展对被审单位以下内容的审核：

①组织的环境；

②领导作用和承诺；

③管理体系方针；

④组织角色、职责和权限；

⑤风险和机遇及应对的措施、法律法规及其他要求（合规性义务）的获取、识别；

⑥管理体系目标；

⑦过程的确定；

⑧产品实现和服务提供过程及应对风险和机遇相关的过程、重要环境因素相关的过程；

⑨应急准备和响应；

⑩绩效评价；

⑪目标的实现情况；

⑫顾客满意调查；

⑬监视、测量、分析和评价改进；

⑭文件化的信息；

⑮不符合项；

⑯审核发现的其他问题。

（4）审核结束召开末次会议反馈审核结果，出具《不符合项报告》《外审不符合报告》，反馈不符合项及整改要求。推行标准化工作办公室根据反馈意见督促被查部门制定纠正措施并按照纠正措施，完善标准化文件、体系运行和日常工作。

《不符合项报告》《外审不符合报告》示例如表6-3、表6-4所示。

表 6-3　　　　　　　　　　　　不符合项报告

客户名称：××××××	审核日期：××××年××月××日
受审核部门/过程：×××/8.5.1	性质：□严重　□轻微

不符合项描述：（应引用标准具体内容，如同时不符合多个标准时，也应同时做出判断）
抽查税务行政许可增值税专用发票最高开票限额审批发现：1. 对云南××电气有限公司申请变更的现场调查、询问记录均未有询问人及记录人的签字；2. 昆明××装饰工程有限公司的税务档案中缺少行政许可决定书及送达回证。   　　上述事实不符合 ISO9001：2015 标准①8.5.1　生产和服务提供的控制条款关于"应在受控条件下进行生产和服务提供"的要求。 ×× 审核员（签字）：××　　　审核组长（签字）：××　　　客户代表（签字）：××

原因分析：   　　　　　　　　　　　　　客户代表：×××　　　日期：××××年××月××日

纠正、纠正措施或纠正措施计划：（请提供相应证明材料）   　　　　　　　　　　　　　客户代表：×××　　　日期：××××年××月××日

跟踪结论： □纠正和纠正措施可以接受且证实有效 □纠正和纠正措施计划可以接受，将在下次审核中验证有效性（仅针对轻微不符合） □纠正和纠正措施不能接受，或纠正措施未有效实施 　　　　　　　　　　　　　审核员签名：×××　　　日期：××××年××月××日

　　注：纠正措施计划只适用于轻微不符合。

---

① 中华人民共和国国家质量监督检验检疫总局，中国国家标准化管理委员会. 中华人民共和国国家标准质量管理体系要求 GB/T 19001—2016/ISO9001：2015. 北京：中国标准出版社，2017.

表6-4　　　　　　　　　　　　外审不符合报告

受审部门	×××税务分局	部门负责人	×××
报告说明	抽查税务行政许可增值税专用发票最高开票限额审批发现：1. 对云南××电气有限公司申请变更的现场调查、询问记录均未有询问人及记录人的签字；2. 昆明××装饰工程有限公司的税务档案中缺少行政许可决定书及送达回证。 上述事实不符合ISO9001：2015标准8.5.1　生产和服务提供的控制条款关于"应在受控条件下进行生产和服务提供"的要求。 负责人：　　　　　　　　　　　　　　　日期：××××年××月××日		
不合格原因分析及纠正措施计划	分局在日常工作中注重抓好系统文书填写规范的管理，对纸质表证单书的填写未认真监督落实，导致现场调查询问记录未有询问人及记录人的签字。部分税收管理员工作责任心不够，对纸质文书的收集管理不重视。 负责人：×××　　　　　　　　　　　　日期：××××年××月××日		
纠正措施完成情况	1. 涉及部门及时召开会议传达监督审核过程中发现的问题，希望全体干部引以为戒查找自身工作中的问题及时改正。 2. 再次重申各类纸质文书填写规范的重要性，要求做到事项描述清楚内容填写完整规范、文书齐全。 负责人：×××　　　　　　　　　　　　日期：××××年××月××日		
纠正措施验证	符合工作要求。 负责人：×××　　　　　　　　　　　　日期：××××年××月××日		

3. 对标准化文件的评价

标准化文件是标准化体系构成不可或缺的一个重要组成部分，标准化文件的编制和执行对整个标准化体系起到了有效的支持，标准化文件的编写、修订、执行和评价也有一套完善的流程，具体如图6-3所示。

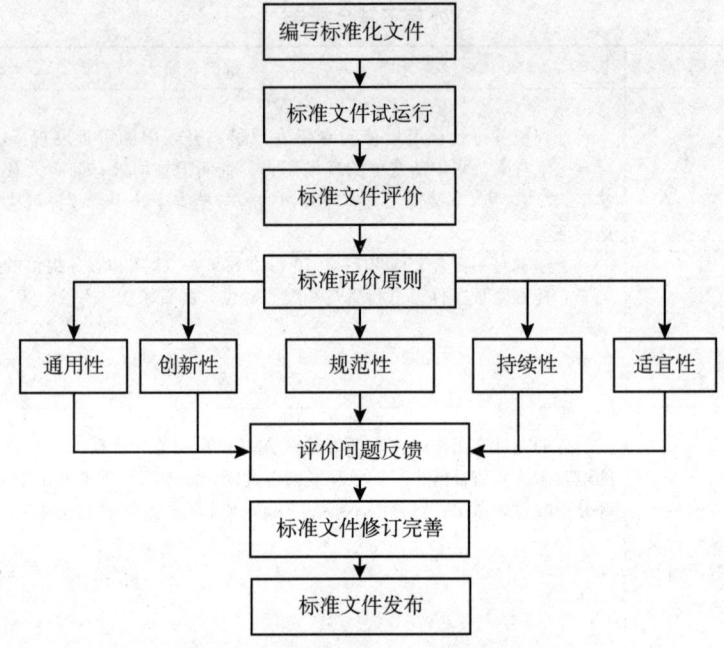

图 6-3　标准化文件评价流程

标准化文件的编写和执行是整个标准化体系的重要组成部分,而标准化文件的评价又是标准化文件编制的核心环节,税务标准化文件的评价应从税务工作特点入手,遵从规范性要求,从国家税收政策法规入手,核查标准化文件是否严格执行国家的税收政策法规;根据标准适宜性的要求,核查标准化文件是否对日常工作有指导和促进作用;根据标准创新性要求,核查是否能通过文件的执行发现工作中需要改进和提高的方面,创新日常工作流程;根据标准持续性要求,核查标准化文件是否与税收征管工作、税收政策的调整实现持续更新保证文件有效性;遵从通用性,核查文件的内容是否适合所有税务机关复制使用。

第二节　税务标准的改进

一、税务标准改进的含义

税务标准改进是指通过对标准进行全面的评价后,根据评价反馈的不符合项和意见建议，督促问题产生部门制定并实施纠正措施，对标准化体系和文件进行修改或调整，满足提高工作质效要求的活动，标准改进的重点是改善工作的特性和提高标准化体系和文件的有效性。

二、税务标准改进的意义

实施税务标准改进是保持税务标准体系适宜性、有效性的方法，是推动改进标准体系，实现不断持续改进的动力，能促进管理工作规范化和条理化，是标准化工作的永恒主题。

三、税务标准改进的原则

税务标准改进应遵循的原则：
1. 节约资源，降低成本原则；
2. 日常改进和持续改进兼顾原则；
3. 考虑工作的发展和需求原则；
4. 对工作过程的有效控制，提高工作效率、改善工作质量原则。

四、税务标准改进的方法

应严格按照 PDCA 管理方法开展工作，实现对标准化体系及日常的有效监督改进，改进工作从标准化体系运行、标准化文件内容和日常工作三方面开展。

（一）税务标准化体系运行的改进

1. 标准化信息系统的升级和开发

为了实现标准化与信息化同步建设，税务机关可根据单位实际情况开发标准化信息管理系统，系统的开发应符合日常管理工作需要，符合标准化体系运行需要，并随着税收业务需求及标准化工作的要求开展升级改版。国家税务总局昆明市五华区税务局税务标准化信息系统界面如图 6-4 所示。

2. 日常审维工作的改进

为提升标准化管理体系的运维工作水平，加强内部运维工作的实施，切实发挥各相关部门对体系运维的督促、评价和促进作用，需挑选业务能力强、工作积极负责的工作人员组成审维组，实现对日常工作与标准化审维工作的有效对接，促进日常审维工作的评价和改进。

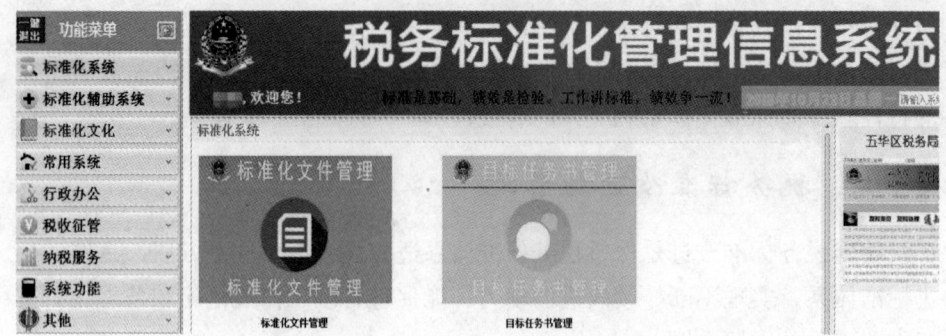

图6-4 国家税务总局昆明市五华区税务局税务标准化信息系统界面

建立了标准化日常管理评审机制,要求各部门审维员对本部门涉及的标准化管理体系日常运行工作(如本部门月计划上报、目标任务书反馈和措施制定、日常工作考评、标准化文件修改等)进行评价和改进;每月收集和整理本小组审维员对本部门的《审维员日常工作记录表》,并进行评价,督促组员切实履行审维员日常工作职责。

每季度安排一次本组审维员小组会议,交流本组日常审维工作、体系运行开展情况及存在问题,并提出意见、建议。

审维小组每半年开展一次的标准化管理体系内审。根据每次具体的内审情况,审维小组编制内审检查报告,对不符合项提出整改措施。

各审维实施小组配合开展每年一次的标准化管理体系外审工作,并负责对外审后专业机构的外审意见和要求进行落实督办和跟踪问效。

3. 日常考评工作的改进

(1) 适时改进考评指标,适当归并精简,使之更符合工作实际;

(2) 针对考评系统的业务需求,由技术组负责进行持续改进完善;

(3) 为了使考评工作更贴近工作实际,不断改进考评分值,设置弹性档次分值、设置警示机制,使考评指向更加明细、更加具体、更具说服力,体现考评宽严有度,奖惩分明;

(4) 进一步改进考评工作程序及申辩调整范围,确保考评工作的严肃性、公正性;

(5) 通过考评工作锻炼和培养审维员的业务技能和操作水平,持续改进标准化管理体系的考评工作及质效,有效推动标准化体系的运行;

(6) 定期组织审维员参与标准化管理体系的落实及日常工作考评的全

过程。

(二) 标准化文件的改进

1. 标准化文件修订的规则

(1) 因评价审查、政策法规、工作流程、岗位职责、规定时限变动等原因需对标准化文件内容进行制修订;

(2) 文件起草部门、标准化办公室和其他相关部门均应对标准制修订提出意见和建议,经逐级报批后及时完成标准的制修订工作。

2. 标准化文件修订流程

(1) 成立标准化文件评审修订小组,由推行标准化办公室牵头组织,标准修订部门配合。标准审查小组的成员应包括相关的业务、技术和标准制定人员,人数不少于5人。

(2) 各文件起草主控部门负责标准修订工作,根据修订工作情况,填写《税务标准修订申请表》,注明修订标准名称、立项依据、标准归类、标准涉及的规范性引用文件和相关记录,《税务标准修订申请表》的填写必须完整、准确;申请修订的标准不能与现有标准重复、冲突;申请修订的标准必须符合部门中长期发展规划,满足税务部门实际工作需要,按要求填写后报分管局领导初审。

(3) 文件起草部门将标准文件修订征求意见稿和编制说明送各部门征求意见,并根据反馈意见对标准进行修改,形成标准送审稿,并连同编制说明、意见汇总处理表及其他有关材料一起送交推行税务标准化工作办公室评审。

(4) 评审组的标准审查原则上应协商一致,如需表决,须经3/4以上的参审人员同意为通过,审查小组出具审查意见并经评审人员签字。评审小组认为需要作重大修改或者有重要意见分歧的,由评审小组出具审查意见并经参审人员签字后,退回文件起草主控部门再次修改。

(5) 评审通过后,标准起草部门形成标准报批稿,并连同编制说明、审查会议纪要、意见汇总处理表、税务部门标准申报单及其他必要的材料一起送交推行标准化办公室,由推行标准化办公室审核后报领导审批。

(6) 领导审批通过后推行标准化办公室通知文件起草部门安排经授权人员完成对相关标准的修订。

3. 标准修订的时间

（1）日常修订，因政策法规、工作流程、执行时限及岗位职责变动等原因导致标准化文件内容发生变化，文件起草部门及时收集修订意见，提出修订意见上报标准化办公室。

（2）持续修订，根据定期不定期的自我评价和社会评价机构的确认结果，汇总各文件起草部门的修订意见，并将修订意见上报标准化办公室。

（3）年度修订，文件起草部门需在每年12月对本部门的标准化工作进行总结回顾，发现工作中存在的问题或者有应修订未修订的文件，在年度终了后5日内提出修订意见上报标准化办公室。

4. 修订标准编号方法

（1）修订的标准化文件编号，只把原标准发布年号改为新修订的年份代号，其余编号保持不变，但应在标准封面上注明代替原标准的编号，并在前言中注明"本标准所代替标准的历次版本发布情况"。

（2）标准化文件中涉及表单的编号方法应符合《标准化工作导则 第1部分：标准的结构和编写》（GB/T 1.1—2009）表单编号方法的要求。

5. 文件归档

标准修订过程中形成的有关文档，按国家税务总局档案管理规定的要求进行归档。

（三）日常工作的改进

通过自我评价和外部机构评价发现日常工作中存在的问题，制定纠正和预防措施，实现对以下工作的改进提高：

1. 征管信息系统数据的质量；
2. 征管纸质资料的填写、收集、整理和归档工作；
3. 准确贯彻执行各项税收政策；
4. 上报上级机关报表资料的准时、正确；
5. 提高考评体系执行的有效性；
6. 促进标准化体系持续改进。

第七章 税务标准化的实践

对于从事税务标准化研究和建设的工作人员来说,对标准化理论有了一定的认知和了解之后,需要有具体的实例作为参考和指引。本章的主要内容是介绍税务标准化的实践过程,以实践方法和具体案例相结合的方式,完整展现税务标准化的探索建设之路,为今后从事标准化研究和建设的人员提供可借鉴、可复制的经验总结和方法措施。

第一节 税务标准化的组织方式

根据国家标准委、教育部等25部委《关于印发〈社会管理和公共服务综合标准化试点细则(试行)〉的通知》(国标委服务联〔2013〕61号)精神、《社会管理和公共服务综合标准化试点细则(试行)》、《综合标准化工作指南》(GB/T 12366—2009)和云南省关于社会管理和公共服务综合标准化工作的要求,按照国家税务总局高质量推进新时代税收现代化的总体部署,应用标准化的原理和方法,建立符合试点单位工作实际、结构合理、层次分明、重点突出的税务标准体系,同时利用持续改进机制不断完善税务标准,为云南省税务系统开展标准化工作提供可借鉴的经验,为全面深化税收征管改革,实现云南省税收现代化奠定坚实基础。云南省税务局确立了"以标准化推进税收现代化建设"的目标,将税务标准化试点工作作为一项重点工程开展实施。

一、省局组织方式

(一)总体部署,三级联动,建立税务标准化工作机制

发挥省局指挥和决策作用,对税务标准化试点工作的开展进行科学有力的

决策部署。牵头和承担单位应及时成立项目组，明确项目参与单位、项目负责人和项目组组成人员，明确人员的职责分工和任务，制定切实可行的实施方案，确保工作目标的实现。

首先，为了使项目研究和建设落到实处，省局在第一时间成立项目实施小组，组长由省局局领导担任，由征管和科技发展处牵头开展，选取标准化认识到位，有创新意识，业务技能强的业务骨干组成成员，全面负责项目研究和建设方案制定、组织项目各阶段任务的实施、开展标准化专业知识培训和队伍建设、协调解决项目实施中存在的问题。在项目实施小组的统筹规划下，组建了税务标准化技术委员会和税务标准化工作项目组。税务标准化技术委员会主要负责制定全省税务标准化的发展规划，组织税务标准审查、批准、编号和发布，协调和指导税务标准化工作。税务标准化工作项目组主要负责承担标准化短期工作安排规划、税务标准化体系的设计、流程优化再造、税务标准编写项目梳理、税务标准编写指导、税务标准初稿的审核修改、税务标准申请立项备案等工作。

其次，建立三级联动协调配合的工作机制。省、州（市）、县（区）层级之间形成上下互动、衔接通畅的纵向机制，保障了上传下达的畅通，工作衔接快速顺畅，提高工作效率。在市县两级之间形成部门分工协作的横向机制，确保了工作安排落地有声，落实有效。

最后，建立工作动态管理机制。在三级联动的工作机制基础上，做好动态管理。一是建立目标管理机制，确立阶段性目标，做好组织落实和监督，稳步推进逐步实现标准化建设的终极目标。二是建立工作周报机制，按期安排落实工作，细化分解工作任务，并按期通报税务标准化建设的工作进展情况。三是建立问题反馈机制，按期总结报送工作成效和反馈存在问题，及时查找原因解决问题，按期进行经验总结，及时优化工作方案、调整安排部署。四是建立分析论证工作机制，税务标准和流程再造必须按照"基层项目组—省局项目组—基层业务代表—基层全体人员—省局项目组"的程序开展五轮分析论证，从而保证了税务标准化建设做到程序实施标准化、过程控制标准化。五是建立持续改进机制，无论是对税务标准的制定，还是对税务标准的实施、税务标准实施的监督，均必须对其有效性进行后续管理，在税务标准化建设中要坚持强调持续改进思想，随着形势的不断变化而更新，顺应发展的需求，注重对税务标准实施过程中的监控与分析，并及时根据分析监控结果进行改进，从而使税务标准化不断提高和自我完善。

(二) 学习借鉴、顶层设计, 构建税务标准化目标体系

顶层设计需要开拓思维, 参考借鉴, 才能做出可实施、可执行的具有前瞻性和适用性的目标规划。税务标准化的探索目前在全国税务系统都处于初级阶段, 同领域暂无可供借鉴参考的标准。

首先, 调研和借鉴系统外其他行业的先进经验。根据省政府或其他有关部门制定的相关产业中长期发展规划, 对相关产业及其关联行业开展广泛的调研, 摸清相关产业在技术创新、技术标准制修订和执行标准等方面的基本情况及存在的主要问题, 收集云南省本行业标准化工作中的典型案例, 包括正反面案例。同时, 收集整理国内外的相关技术标准, 含国际标准、国外先进标准、国家标准、行业标准和地方标准及相关信息资料, 掌握国内外相关产业的现状和发展趋势等。在对调研情况和收集整理的国内外相关行业标准和信息资料进行认真分析研究的基础上, 对云南省税务标准体系的建设目标做出基本定位, 提出税务标准体系建设的指导思想、基本原则、目标任务、工作重点。按照现代税务管理的特点及发展需求, 合理设计税务标准体系的框架结构。根据税务工作实际需要也可进一步细分体系的构成, 扩展体系的层级。

其次, 确定税务标准体系后, 进行标准体系构成要素的梳理, 即具体标准事项的梳理。紧紧围绕"以标准化推进税收现代化"的目标, 以服务纳税人、服务基层、服务社会为出发点和落脚点, 以解决问题、创新发展、转变职能为着力点, 以涉税事项为突破口, 打破过去以部门为单位建立岗责的传统做法, 紧紧围绕事项, 淡化部门分工, 重塑业务流程, 应用标准化的原理和方法, 建立符合试点单位工作实际、结构合理、层次分明、重点突出的税务标准体系, 逐步实现以标准促进规范、以标准促进管理、以标准促进服务、以标准促进创新、以标准促进效率、以标准促进遵从、以标准促进清廉。

(三) 统筹兼顾, 措施有力, 建立税务标准化保障工程

税务标准化的建设需要强有力的基础保障, 从省局层面需做好统筹安排, 制定强有力的措施, 做好基础保障工作。

首先, 建立税务标准化人才保障。高素质的人才队伍是搞好税务标准化的坚实基础。大到标准化各项工作的推行, 细到标准的制定、实施、推广以及不

断地完善，都离不开既懂业务，又懂标准化知识的专业人才队伍。在税务标准化创建和实施过程中，各级税务机关需健全人才培养和保障机制，加强行政管理、征管评估、纳税服务、税务稽查、信息技术等各个专业领域的税务标准化人才培养力度，结合全国各层级税收人才库工程的实施，培养一批税务标准化骨干人才。同时积极与各级标准化科研部门合作，优化师资力量，坚持"请进来"原则聘请在标准化方面具有较高造诣的专家作为顾问，对税务标准化建设过程中遇到的具体问题给予指导和帮助，巧借外力打造税务机关内部的标准化人才队伍。

其次，建立税务标准化信息技术保障。信息化是税务标准化建设工作的桥梁，运用税务业务和技术的融合，进行信息技术创新变革，推动税务标准化的成果建设，优化整合现有的各应用系统，最大限度实现资源高效整合、信息互通共享，为税务标准化的建设实施提供强力的技术支撑，推进税务标准信息的公开化、税务标准化管理运行的网络化、税务标准服务的信息化，从而实现税务标准管理和服务的信息化、一体化、标准化。

最后，加强税务标准化建设经费保障。经费的保障是推动专项工作的基础，税务标准化工作属于税务日常工作之外的创新性工作，没有经费保障将无法全面推进税务标准化建设。在税务标准化工作全面推进中，需要对税务标准化工作理论研究提供专项经费支持，增强税务标准化理论研究能力；同时在税务标准开发和技术创新方面增加资金投入，增强税务标准化自主创新能力；此外还需在税务标准化试点工作方面增加专项资金投入，达到重点项目重点投入的作用。

（四）强化实施，注重实践，实施税务标准化试点示范工程

为了将理论研究成果有序地转化为税收实际效能可以通过实施税务标准化试点示范工程，探索不同税收领域、不同地域税务标准化工作的新路子，逐步总结经验，再加以推广，从而形成先局部再整体，先试点再推广的工作格局。通过示范引领、追赶标杆、以点带面，全面推进税务标准化建设。

首先，省局针对目前税收管理的现状，在全省范围内选择已经开展过ISO 9000质量认证系统的原昆明市五华区国税局和在全省税收征管工作中处于领先位置的原楚雄州楚雄市国税局开展税务标准化试点工作，并制发了税务标准化试点项目实施方案，确定了两个试点的不同试点模式。其中，五华区税务

局采取整体推进标准化建设的试点模式,楚雄市税务局采取分步推进标准化建设的试点模式。不同模式的试点情况和取得的成效可详见两个试点单位的实践案例,以供参考。

其次,鼓励税务标准化试点单位以制定有竞争力、有创新力、有适应力的税务标准为基础,分领域、分专题建立符合工作实际、结构合理、层次分明的税务标准体系,从而为全国税务标准化建设提供可借鉴的经验。在地方标准化管理委员会的帮助和批准下,尽快形成地区标准;提出行业或国家级税务标准提案,在国家的支持和帮助下,逐步使这些单位成为税务标准化突破的主力。

二、州(市)局组织方式

(一)加强教育培训,进一步统一思想认识

州(市)局层面积极强化舆论引导,大力营造浓厚的舆论氛围,使税务标准化管理的意识深入管辖范围内的每个部门和每一名税务干部,并转化为全体干部职工的自觉行动。采取举办专题讲座的形式,邀请标准化专家从国家战略层面、从行政改革需要、从行业管理实际等视角深入浅出地讲解标准化知识。通过系统的培训,使得广大干部职工充分认识到标准化管理是系统化、专业化、精确化和法制化的结合,它从不同角度、不同方面对推进税收现代化建设发挥着基础和全面保障的作用。

(二)加强组织领导,制定实施方案

加强对标准化试点建设工作的领导,强化引领作用。做到思想到位、组织到位、措施到位,才能真正把服务标准化这项工作落到实处;按照省局工作部署,成立州(市)局税务标准化工作推进办公室,全面负责项目研究和建设具体任务的实施、开展标准化专业知识培训和队伍建设、收集整理上报项目实施中存在的问题。

(三)上传下达,畅通工作衔接

充分发挥州(市)局承上启下的中间作用,做好上传下达工作。建立上下互动,衔接顺畅的工作机制。紧紧围绕税务标准化建设这个着力点,通过流

程再造、标准建设、持续改进实现税收工作流程化、规范化、协作化、效率化、服务化,合理调整管理层次和拓展管理层面,逐步提高征管资源在税收管理全过程的配置效率,推动税收管理方式同经济社会发展相适应,持续提升税收管理的运行绩效。

(四)督促指导,层层监督落实

对县(区)局工作进行安排部署,监督落实。形成层层抓落实的工作格局,即"主要领导亲自抓、分管领导具体抓、其他领导按各自分管业务分别抓执行、推标办具体负责抓组织协调落实"的格局,确保劲往一处使,才能保证税务标准化建设工作落到实处。

三、县(区)局组织方式

(一)成立组织机构,进一步健全保障机制

及时成立税务标准化组织机构,按照省局的实施方案要求制定具体实施方案,确保各项任务的顺利开展。一是建立联席会议制度。成立由局领导参与、征管部门牵头,各相关科室共同组成的税务标准化推进联席会议,联席会议充分发挥统筹规划、指导监督的作用,及时解决试点工作中遇到的一些问题。二是成立项目组(推标办)。试点单位从全局选调一批业务骨干组成项目组专职做好工作规划、流程再造、标准起草、标准审核、标准试点、标准完善等方面的工作。三是为了做好税务标准化试点工作制定实施方案。方案明确了工作目标、工作内容、工作步骤和工作要求,确保了试点工作有条不紊地进行。四是建立工作制度。试点单位分别建立了工作周报制度、分析论证制度、问题反馈制度、持续改进制度、外部联审制度和培训制度。五是积极采取措施加大基层标准化人才的培养力度,培养增加标准化专兼职人员,为税务标准化建设储备人才。六是保障工作经费落实。从有限的工作经费中优先保障试点工作经费,保障试点工作的顺利进行。

(二)全面梳理政策,进一步发挥政策效能

试点单位始终坚持依法治税的原则,立足现有政策规定,大胆突破惯性思维、路径依赖和体制弊端,充分运用标准化,弥补政策本身存在的缺陷,从而为重塑业务流程提供强有力的第一手资料。首先,紧紧围绕涉税事项,认真梳理相关政策规定,查找政策前后相互矛盾的地方,科学划分业务边界,合理界定征纳权责。其次,客观分析政策效能,认真查找制度空悬的问题,分析政策效率与实践效率不协同的真正原因,为流程再造和编写税务标准提供依据。最后,立足税源管理实际,在不违背税收法律法规规定的情况下,积极创新管理方式,不断提高政策执行效率。

(三) 开展流程再造,进一步优化涉税流程

试点单位结合税收现代化的基本目标和金税三期的整体要求,以获得最佳税收秩序和取得税收最佳效益为目标,坚持从税收具体事务出发,坚持流程导向、优化服务、分权制约、分工协作四项核心原则,在符合法律法规要求的前提下全面整合、归并、简化业务流程,把"减轻基层和纳税人负担"有机结合起来,全面开展业务流程的分析、诊断和重新设计。首先,充分体现公平效率的要求。在流程重塑过程中,始终立足于程序的公平正义原则,以流程来实现对"人""财""物""事""权"等的公开化、透明化管理,为纳税人创造公正、公平、公开的和谐税收环境。同时,按照信息化、专业化下征管运行的规律,梳理、归并、重组业务流程,从而提高工作效率。其次,充分体现征纳权责明晰的要求。依照现行税收法律法规,合理界定征纳权责,全面构建纳税人自主申报的征管业务流程,全方位取消过去越俎代庖的管理方式。再次,充分体现风险控制的要求。将日常纳税人容易发生的涉税风险和税务机关容易发生的执法风险,通过节点控制将风险及时化解在事前和事中。最后,充分体现创新管理方式的要求。一是借鉴金税三期依申请、依职权划分业务的方法,使涉税事项的触发更科学、更合理。二是建立户籍巡管流程,将散落在各具体业务的日常税源管理事项统一纳入户籍巡管流程,实现真正税源管理的规范化、制度化和专业化。三是建立动态管理模式的应对流程体系,使重塑后的业务流程既支持管户制,又支持管事制,同时还支持管户与管事相结合的模式。四是紧扣涉税事项,本着满足基层需要、满足纳税人需要、满足社会发展需要,打破职能界限,压缩管理层次,减少流转环节,增加不同部门之间组合的可能性和协同性,合理配置征管资源。同时,按照统一、规范、简化、便捷的原则,对业务流程节点涉及的表证单书进行梳理和简并工作,力求表证单书规范、简化。

（四）狠抓标准建设，进一步完善标准体系

试点单位根据前期税务标准化理论研究的成果，结合本地实际，采取分步实施、突出重点的方法，围绕税收征管业务标准体系、纳税服务标准体系、组织保障标准体系和信息标准体系开展税务标准建设工作。一是明确时间节点，稳步推进税务标准建设。二是坚持采用"经验标准"+"超前标准"的模式，按照全员参与、全程管理、逐级负责的要求，有序撰写税务标准。截至2016年12月31日，共完成417个具体税务标准的撰写工作，其中通用业务标准35个，具体业务标准382个。三是按照"基层审核、省局审核、省标准化研究院审核、省局复审、省标准化研究院复审"的要求，对具体标准的合理性、适宜性、有效性、充分性进行客观评价，并据此进行修改完善。

（五）组织标准实施，进一步提高运行效能

为了检验税务标准的可执行性，切实提高税务标准试运行的效能，试点单位认真组织税务标准的实施。一是认真做好税务标准试运行前的全员培训、试运行中的专题培训和试运行后的总结提升培训。全员培训重点解决熟知标准和应用标准，专题培训重点解决运行中存在的问题，总结提升培训重点解决今后正式实施如何提高质量的问题。二是认真建立持续改进机制。试点单位建立了问题收集、问题反馈、问题分析、问题改进、标准完善机制，全面跟踪税务标准试运行情况，始终做到重实际、说实话、办实事。三是围绕业务流程积极重组职能。为了充分发挥税务标准的规范和效率作用，试点单位为了配合税务标准的试点运行，积极探索以流程为导向、建立符合税收信息管理规律的税收事务处理主流程，以税收信息化提高流程运行效率，并以流程导向代替职能导向，整合各类要素和资源，推进税收征管职能重组，建立以纳税人为中心的税收征管流程体系。首先，减少行政管理层次，精简管理机构，实现组织结构的扁平化。其次，根据优化税收事务处理需要，探索建立"收集—核实分析—增值利用"的信息流职能体系。再次，努力避免职能交叉导致互相依赖、互相推诿，从而有效实现上下联动、立体化、多层次管理。最后，整合窗口职能，优化服务资源，将纳税人涉税事项前移大厅，实现涉税资料在税务机关内部流转，真正解决纳税人重复跑、多头跑的问题。四是以涉税事项为主线，构建科学的岗责体系，合理应用人力资源的能级应对原则、动态调整原则。五是结合

《全国税务机关纳税服务规范（2.0版）》（以下简称《规范》）的试行，把前台规范化与后台标准化有机结合起来，通过《规范》试行促进标准化建设，通过标准化建设促进《规范》落地。两者要紧密配合、相互促进，形成前后台无缝对接的工作机制，避免出现"前台很规范、后台打乱仗"的现象。六是强化信息技术支撑。为了充分体现税务标准的规范和效率作用，试点单位以解决标准规范与实际操作协同匹配问题为重点，积极利用现代信息技术手段，研发和应用信息协同系统、电子档案系统、税务标准化管理系统等，真正发挥信息技术对税务标准化的支撑作用。

第二节 统一设计、整体推进案例（原昆明市五华区国税局）

一、基本情况

昆明市五华区位于昆明市主城核心区西北部，辖区面积397.86平方千米，常住人口87.27万人，是云南省人民政府的所在地，驻区中央和省市机关、企事业单位众多，科教、文卫、商贸、金融、通信等机构云集，是昆明市的中心主城区。原云南省昆明市五华区国税局（以下简称五华区局）承担着辖区内60000余户纳税人的税收征管和纳税服务任务，截至2018年6月，全局下设业务科室14个，稽查局1个，税务管理分局7个。在职干部254人，其中大学本科以上文化程度232人，占干部总数91.3%，女职工147人，占干部总数58%。2017年组织税收收入57.6亿元，在云南省县区国税收入排名第八。

五华区局早在2008年就成功导入并通过了ISO 9001质量体系和ISO 14001环境体系认证，制定了质量、环境方针，建立了质量目标管理机制，编写了相关程序文件及质量手册，每年均顺利通过第三方监督审核，具备较好的标准化工作基础。2014年按照原云南省国税局税务标准化试点工作要求，以涉税事项为重点，全方位推进试点工作。对照岗位职责，进一步明确、细化各环节的业务活动内容、相互间的衔接关系、各自承担的责任以及工作程序，对实践了多年的 ISO 质量环境管理体系进行完善、提升和创新，制定了统一规范的具体行为准则、操作规范及服务标准，促使每一名税务干部根据自身岗责进行"对号入座"，清晰掌握自己应该"做什么""怎么做"和"做到什么程度"，从根本上改变"干与不干一个样，干少与干多一个样，干坏与干好一个样"的管理难题，进一步把为纳税人办好事、让纳税人好办事的服务理念落到实处，努力使税收日常管理工作变得更加实在、规范、高效、顺畅，为全省税务系统开展税收管理标准化工作提供了标准明确、流程清晰、责任落实、管理规范、服务统一、依据翔实、操作可行的理论和实践成果，不断夯实税收现代化建设的基础。

二、主要做法

五华区局的标准化建设工作按照"统一设计，整体推进"的指导思想，在顶层设计上按照原云南省国税局制定的税务标准化试点工作方案有关要求展开，在实施过程中按照国家税务总局制定的《税务行业标准管理办法》运行，在原省、市国税局的具体指导下，在省、市质监局和省标准化研究院的帮助下，从标准化体系建立、标准化体系运行和标准化建设成果应用等方面全面展开，整体推进税务标准化体系建设。

（一）整体推进标准化体系建立

1. 认真策划，精心组织

五华区局在 2014 年 4 月接到原省、市国税局下发的税务标准化试点工作任务后，局领导高度重视，一把手亲自挂帅，分管领导具体抓，其他领导协助抓，及时成立了五华区局税务标准化试点工作领导小组，从各部门抽调了 5 名长期从事 ISO 质量、环境管理体系工作的业务骨干成立了推标办，制定了五华区局《税务标准化试点工作方案》，确定了试点工作指导思想及各阶段工作目标任务。2014 年 5 月召开了税务标准化试点工作动员大会，全面部署安排试点工作相关任务，随后邀请云南省标准化研究院的专家先后对全局干部、中层领导、标准化工作人员进行了分层次培训，同时在五华区局网站开设税务标准化工作专栏，编发了《标准化应知应会》《标准化工作动态》等系列专题材料，并在税务标准化信息管理系统中增加了"标准化文化"板块，努力营造人人懂标准、人人讲标准、人人做标准的文化氛围。

2. 整体编写符合上级要求和基层工作实际的税务标准化文件

五华区局认真对照原云南省国税局税务标准化工作试点方案中确定的标准化体系框架，组织各部门领导和业务骨干编写标准化文件，在原有 ISO 质量环境管理体系手册及程序文件的基础上，按照《标准化工作导则　第 1 部分：标准的结构和编写》（GB/T 1.1—2009）的规范，以"写我所做，做我所写"为原则，经过"业务梳理—流程再造—编写文件—业务论证—修改文件—实务验证—再修改文件"的步骤，持续改进，不断丰富、充实、完善文件。目前已形成的文件包括税收征管、纳税服务、组织保障、信息化建设四大系列 26 个类目 231 个标准化文件，共 36 万余字，涉及规范性引用文件 107 个，表证单书 409 个，绘制流程图 90 个，确定工作质量节点 522 项。标准化文件的制定依据主要来自税收法律法规的相关规定，例如《纳税信用评价及应用管理规范》收集了总局的 3 个有关公告，对照了纳税服务规范和征管规范的有关要求，将现行工作的岗位职责、工作流程、考评要求等要素用标准化的语言加以明确，便于基层准确、高效执行。

（二）整体推进标准化体系运行

在税务标准化文件体系初步建立的基础上，2015 年 1 月，五华区局税务标准化工作进入正式运行阶段。为了确保标准化体系的适宜性、有效性，确保通过税务标准化工作提升全局的总体工作质效，五华区局积极采取多项行之有效的措施，全方位整体推进标准化体系运行。

1. 明确标准化体系运行机制

五华区局为进一步加强和提升区局标准化管理体系的运维工作水平，加强内部运维工作的实施，切实发挥各相关部门对体系运维的督促和促进作用，在 ISO 质量环境管理体系运维框架的基础上，不断加强和完善标准化管理体系运维机制，推标办下设审维组、考评组、技术组。其中审维组负责对全局内审员进行管理、考评，组织内审小组定期开展活动并上报内审日常工作记录，定期组织开展区局内审，配合认证单位年度外审及整改。考评组负责制定区局标准化绩效考评办法并组织相关部门定期修改完善，按季或适时组织各部门进行考评并对考评履职情况进行监督管理，组织考评工作中的申辩调整及仲裁。技术组负责对标准化信息管理系统的运行维护及监控管理。

各部门审维员对本部门涉及的标准化管理体系日常运行工作（如本部门月

计划上报、目标任务书反馈和措施制定、日常工作考评、标准化文件修改等）进行监督和审维，发现问题及时提醒部门领导加以解决，按月填报《审维员日常工作记录表》，并上报所属审维实施小组组长。组长每月收集和整理本小组审维员对本部门的《审维员日常工作记录表》，并进行检评，督促组员切实履行审维员日常工作职责。各审维实施小组每季度根据情况，自行安排一次本组审维员小组会议，交流本组日常审维工作、体系运行开展情况及存在问题，并提出意见、建议，形成书面结果上报推标办。区局推标办每半年根据情况，召开审维小组组长会议，对相关工作进行总结、分析和安排。各审维实施小组根据区局统一安排，负责交叉实施区局每半年一次的标准化管理体系内审。根据每次具体的内审情况，审维小组编制内审检查报告，对不符合项提出整改措施，同时各审维实施小组配合开展每年一次的税务标准化管理体系外审工作，并负责对专业机构的外审意见和要求进行落实督办和跟踪问效。

2. 建立标准化绩效考评体系

五华区局在标准化试点工作中，坚持"没有标准的绩效管理和没有绩效考评的标准都等于空谈"的理念，在原有考评体系的基础上，吸收、融合了目前标准化文件中确定的 500 余个质量节点和绩效考评体系的 100 余项考评指标，共同组成五华区局标准化绩效考评指标。目前设置的考评指标共 27 类 966 个，涵盖了工作的各个节点。对每个指标都明确了考评周期、数据来源、主控部门和考评对象。通过合理设置考评指标和考评标准，以标准为绩效的基础，用绩效做标准的验证，注重过程管理，建立规范的绩效管理工作流程和运行机制。

3. 建立税务标准化文化

五华区局以标准化建设为契机，进一步推动完善税务文化建设。根据区局实际情况编写了税务标准化手册引言，营造文化氛围，组织全局干部阅读《致加西亚的信》，树立"忠诚、敬业、勤奋"的"罗文精神"，在税务标准化信息管理系统中开设了"标准化文化"板块，在内部网站开设了"标准化工作"专栏，倡导"用百分之百的热情做好百分之一的事"的工作理念，倡导"PDCA 循环"的工作模式，引入质量目标管理的过程方法，形成了独具特色的税务标准化文化。同时，按照省局的要求，组织人员参与了《税务标准化理论与实践》书稿编写工作，全面总结税务标准化试点工作的经验及成效，把实践经验及时总结上升为理论成果。此外，经省局向国家税务总局、司法部推荐，五华区局作为云南省创建全国税收普法教育示范基地的单位，努力把税收普法教育示范基地的影响力、宣传效应逐步由区、市、省推向全国。

4. 开发税务标准化信息管理系统

五华区局在税务标准化建设中，认真抓好业务和相关技术的融合。早在2009年就自行研制开发了ISO标准化质量环境信息管理平台，包括质量目标管理运用、日常考评、电子文件库、部门月计划管理等模块，力争在目标管理、工作预警机制、考核机制、文件管理、部门工作安排落实等方面实现信息化管理。自2014年以来，针对标准化工作的开展，通过建立系统研发与标准化建设同步机制，引入第三方技术力量，围绕标准化管理的需求，重点优化电子化向信息化的转变提升，在统一身份认证管理、标准化文件执行管理、数据分析和绩效考核管理等方面进行了信息化研发，努力发挥系统支撑标准化的技术保障作用。该系统经过近2年的研发，于2016年4月完成了预定功能建设，税务标准化信息管理系统主要特点包括：

（1）实现了标准化文件制修订及日常查阅的电子化。

根据税务标准化文件制修订的工作流程，实现了从文件的创建、修改、发布到查阅的整个文件体系的电子化；同时，围绕标准化四个类别的231个文件涉及的409个表单和107个引用文件，轻松实现了追根溯源一点即来，方便、快捷、节约、高效；系统提供的查询功能既可按标准的类别查询，也可按文件的主控部门查询，同时作为执行部门的一员，按职责可轻松找到相关岗位涉及的文件，进而以较短的时间掌握工作步骤，明确工作重点，提升管理的执行力。

（2）实现了日常应用系统的单点统一登录。

围绕标准化管理，为解决系统多、分散、使用效率低、操作烦琐的状况，建立了一个统一标准的入口平台，使操作人员通过一个入口即可实现对不同系统一键登录的快捷方式。目前已实现集中、统一登录的系统共有37个，其中征管类23个，行政类9个，纳税服务类3个，标准类2个，随着应用的深入，将不断完善其通用性和便捷性。

（3）实现了日常考评管理的电子化、自动化。

五华区局在标准化工作中形成了966个考评指标，在确定指标分类标准、编码标准的基础上，将指标全部导入信息系统，按照考评工作的流程开发了考评管理模块，使考评工作从发布、确认、申辩等各环节均实现了电子流转，同时积极尝试考评取数与标准化文件关联，努力实现考评依托标准自动发起，使考核系统更具制度化、流程化。

（4）针对标准化工作及区局日常管理工作开发了相关的辅助流程。

五华区局 2009 年在推行 ISO 质量环境管理体系中，自行研发了"ISO 质量环境管理信息系统"，在标准化管理信息系统开发过程中，充分保留、优化了相关模块，将质量目标管理、月计划管理、日常审维管理等模块移植到标准化系统，同时针对区局日常管理需求，开发了考勤管理、预算管理、IT 设备管理、风险预警双向提示管理等模块，进一步提升信息化对标准化的支撑作用。

（5）建立了标准化文化板块。

五华区局在系统首页单独开设了标准化文化板块，主要内容包括区局标准化质量手册引言、标准化应知应会知识、区局标准化工作动态等内容，在展示区局标准化成果的同时，积极营造富有税务行业特色的标准化文化氛围。

5. 依托标准化建设不断提升组织绩效和个人绩效管理工作

（1）将绩效指标对应的重点工作纳入标准化年度质量目标，注重过程管理，狠抓过程控制。

五华区局对照上级绩效指标中的重点工作项目，如收入目标执行、金税三期推行工作、增值税发票升级版、电脑病毒爆发率管控等，列为区局年度标准化质量目标，主控部门制定了目标任务书，执行部门据此制定了目标实施方案。各主控部门在工作中切实履行职能，按规定做好质量目标完成情况的监控、反馈及纠偏工作，各执行部门严格按照质量目标实施方案开展工作，对当月未完成目标任务的，及时分析原因，采取纠正措施，确保各项质量目标顺利实现。

（2）将绩效考评体系的要素吸收到标准化考评体系。

五华区局结合省局对州（市）局及省、市局机关指标体系，对照自身指标，进行必要的修改完善，合理分解承接上级指标，并结合区局实际，形成本局绩效考评指标，做到分解层级准确，指标要素完整，考评方式有效，考评周期适当，使标准化考评更规范严谨。

（3）将绩效考评的结果通过标准化考评体系兑现到部门、个人。

将组织绩效和个人绩效考评结果通过标准化考评体系兑现到个人，使绩效考评顺利落地，实现绩效考评的公开、公平、公正，达到促进区局整体工作强有力地不断向前推进的目的。区局作为基层部门，在日常工作中接受的上级考评既有来自省、市局的绩效考评,还包括当地党委政府的目督考核、党群考核、纪检监察考核等,各个层级的考核标准、口径不一,区局在标准化建设中归集整合各项考核指标,实现"绩督一体化"管理,将包括绩效考核在内的考评结果全部集中到标准化考评体系中,做到所有的考评最终都通过标准化考评体系体现并兑现到部门、个人,顺理成章地完成组织绩效和个人绩效考评工作。

(4) 保持原有考评体系中好的做法,充分发挥绩效考评的导向作用。

五华区局在近年来的考评工作中,积累形成了许多行之有效的考评措施,如弹性分值设置、下考上机制、陈述申辩机制等,在建立标准化绩效考评体系的过程中,有意识地加以保留运用,努力实现宽严适度、以人为本、设置合理,管理规范、责任明确、相互监督的格局,做到考评面前人人平等,人人都是考评参与者。

(三) 整体推进标准化建设成果应用

1. 积极投入到国家标准化战略实施安排中

五华区局在完成税务标准化试点任务的过程中,在得到原省、市国税局的大力关心、支持的同时,也得到了标准化行业主管部门——省、市、区质监局的指导和帮助,使五华区局的标准化建设工作走上更广阔的平台。2015年,省质监局将五华区局确定为省级服务业标准化试点项目,2016年7月,国家标准化管理委员会将五华区局确定为全国第三批社会管理和公共服务标准化综合试点项目,在该项目中,五华区局成为全国税务系统首个试点单位,也是云南省行政执法部门中的首家试点单位。

围绕完成上述省级、国家级试点任务,五华区局首先参照2008年导入ISO质量环境管理体系的做法,积极引入标准化行业的第三方专业咨询辅导力量,助力试点工作的开展。其次在试点工作中注重采取行之有效的方式开展相关培训工作。先后组织推标办人员赴上海、南京、天津考察学习标准化工作的先进经验,通过与当地推行标准化工作的质监部门、国税部门交流学习,进一步提高了对标准化工作的认识。近年来,多次组织人员参加国家标准化管理委员会、云南省质监局、昆明市质监局举行的相关业务培训,并在局内分批组织各部门标准化体系审维员开展标准化业务培训及考试,不断提高全局标准化工作能力。此外,在已有的税务标准化建设的成果基础上,按照省级、国家级试点任务的要求,拟定了五华区局标准化工作三年规划,以税务标准化文件为核心，从国家标准化战略实施的视角，充实完善了相关的通用标准、基础标准和保障，搭建了更为科学全面的文件体系。力争经过三年的努力，至2018年，基本建立覆盖全局的、重点突出、结构合理的税务服务标准体系，形成具有自身特色的税务服务标准化建设工作机制，初步形成在全局范围内能够规范运转的税务服务标准化建设的工作格局，使税务标准制定、实施和监管整体水平实现跨越式提升，最终通过提高税务服务和公共服务标准化建设水平，有效促进全局税务服务和公共服务管理水平可持续提升，也为全市、全省税务服务的科学发展和税务服务体系建设提供探索性的技术参考样本。

  2017年9月19日，由云南省标准化研究院组织的有关专家对五华区局省级服务业标准化试点建设活动进行了验收评估，重点检查了区局标准体系建设、标准实施状况、标准化工作机制建立、试点成效、标准化创新等方面的情况。通过听取汇报、查看资料、现场核查、征询服务对象意见、集体评议等环节的工作，专家组一致认为，区局标准化试点的实践和成效，为其他服务单位提供了较好的示范案例，起到了应有的示范作用，同意通过评估验收。2017年11月，云南省质监局授予五华区局"云南省服务标准化合格单位"称号，五华区局由此成为全省首个通过标准化省级验收的行政执法单位，这也标志着云南省税务系统"以税务标准化推动税收现代化"的战略目标得到了有效落实。

  2018年以来，五华区局作为全国税务系统首家国家级社会管理和公共服务标准化试点，高度重视，精心准备，努力推进，认真做好各项工作，结合试点工作的进度安排，围绕国税工作实际，从强化组织管理、加强机制建设、充实标准体系、完善岗位职责、加强对外宣传、扩大社会影响、抓实建设成效、提高服务效能等方面认真落实，按时完成了试点项目的阶段性任务。

  2. 积极参与到地方标准制修订工作中

  五华区局在做好税务标准化试点工作的同时，按照地方政府标准化行业主管部门的意见建议，积极参与到地方标准制修订工作中。2016年4月，五华区局编写的《纳税信用评价及应用管理规范》被云南省质监局确定为云南省2016年度地方标准项目，并于2016年12月通过了地方标准专家评审，对于规范云南省纳税信用评价与管理，营造公开、公平、公正的税收环境，促进全省全社会的征信体系建设具有重要意义。

  2016年12月，五华区局提出《项目税源管理与服务规范》地方规范的立项申请，经市政府批准，将其列入2017年度昆明市地方规范制修订项目计划，批准由市局牵头，区局负责《项目税源管理与服务规范》地方规范的起草工作。根据昆明市质监局下达的地方规范项目制修订计划，2017年3月，区局成立了地方规范起草组，明确了规范主要起草单位、进度安排、任务分工，确定了编制规范的工作计划。为按期完成编写任务，规范起草组开展了资料收集工作，收集已发布现行有效的国家、行业标准，以及国内外项目税源管理相关资料，并对所收集的资料进行综合分析研究。在对所收集资料综合分析研究的基础上，结合昆明实际，确定规范结构及其内容构成，在此基础上起草形成了编制说明和规范讨论稿。昆明市质监局组织专家于2017年11月10日进行了中期技术审查，对编制说明和规范讨论稿提出了修改完善意见，规范起草组按照相关要求及时进行了修订，于2017年12月20日形成了规范征求意见稿，并将征求意见稿发至相关单位和有关专家征求意见。在广泛征求意见的基础上进行了进一步的补充完善，形成了《项目税源管理与服务规范》送审稿，并于2018年2月顺利通过了昆明市质监局组织有关专家进行的终期审查。专家组一致认为，该标准通过明确项目税源分类、确定项目税源信息管理、涉税服务、评价与改进等事项，对指导辖区税务部门跟踪服务项目税源提供了依据和指引，对落实、强化事前服务，完善税务治理体系建设，提升税务治理能力，提升、改善税收营商环境，优化税收环境有积极意义。经昆明市质监局报请昆明市政府审核同意，并经云南省质监局审核通过，2018年7月，《项目税源管理与服务规范》作为云南省首个税务地方规范正式发布。

《项目税源管理与服务规范》的正式发布，填补了云南省税务地方标准制修订的空白，同时也是税务部门主动作为、勇于担当、积极发挥以税资政职能，主动推进经济发展，培育税源的新举措，标志着云南省税务标准化建设又取得了阶段性成果。

3. 积极做好标准化工作经验推广应用

五华区局认真贯彻落实国家标准化管理委员会主任田世宏和云南省副省长董华带领国务院考核组到区局核查标准化工作时提出的"加大宣传、推广、应用五华国税标准化工作经验做法"的指示，一方面认真梳理总结了区局标准化的工作经验，及时上报省局，为省局提供可借鉴、可复制的经验；另一方面积极主动做好具体的经验推广工作。针对原昆明市东川区国税局提出的指导帮助开展市级服务业标准化试点工作的需求，多次开展双方交流活动，并制定了

《五华区国家税务局关于指导帮助东川区国家税务局开展服务业标准化试点工作的通知》，明确了组织机构、协作机制及分阶段的具体工作任务。针对区局涉税服务单位昆明南方源科技有限公司积极参与标准化建设的情况，指导该公司制定了涉税技术服务系列标准，解决了税务机关向社会购买涉税服务缺乏具体标准要求的问题，保障了服务的统一性、规范性。积极运用好涉税服务中收集提供的相关数据，进行归类、分析、反馈，以促进提升税收征管和纳税服务质效。

三、主要成效

五华区局在标准化试点工作中，采取"边撰写、边实践、边论证、边提升"的方法，较为成功地探索了一条把国际通行的标准和方式与税收工作相融合，来规范、统一、简化传统的税收工作方式，用绩效考评来检验促进税务标准化的实现，探索了一条有效促进税收业务体系更加科学规范，税收业务权限、程序、内容、方法、时限更加明确，绩效管理基础更加牢固的标准化之路，是对几十年传统的税务工作模式的一次兴利除弊、推陈出新的探索性的革命，并努力把标准化工作和日常税收征管、纳税服务和干部队伍建设工作有机结合，试点成效初步显现。

（一）税务标准化整体推进实现"四位一体"

五华区局通过统一设计、整体推进的指导思想，基本实现了税务标准化建设中的"四位一体"，即一套标准化文件、一组标准化绩效考评指标、一个标准化信息管理平台、一支标准化体系运维队伍。

1. 标准化文件提高了日常工作的效能

五华区局的标准化文件体系从推行 ISO 管理体系时的 22 个，到试点税务标准化阶段的 132 个，在省级服务业标准化试点工作中进一步完善到 199 个，到目前的社会管理与公共服务综合标准化工作细化为 231 个，涵盖税收征管、纳税服务、组织保障、信息化建设等范围，覆盖面广、可操作性强，形成了国家标准、地方标准、区局标准"三位一体"，服务基础标准、服务保障标准、服务提供标准体系基本完善的税务社会管理与公共服务综合标准化体系。每个标准文件都梳理、汇集了相关的规章政策，同时形成了持续改进标准的工作机制，确保了标准的适宜性，基层干部普遍反映，以前在开展日常工作中，如果出现对某个政策或工作流程拿不准的情况,往往要查找几个红头文件才能确定,现在只需查看对应的标准化文件即可,有效提高了工作效率,减少了执行政策错误的偏差。近年来,五华区局每年新进应届毕业生,在开展初任培训时,均以标准化文件为统一教材,使新税务干部在较短时间内对全局工作有了全面、系统的认识。

2. 标准化绩效考评确保了工作要求落到实处

五华区局的标准化绩效考评指标遵循"横向到边,纵向到底"的原则,全面覆盖工作的各个环节,为评价干部、奖优罚劣提供了支撑,也为检验标准化运行效果提供了依据。各主控部门认真履行考评职能,通过考评发现问题、改进问题,确保标准化工作要求落到实处。五华区局标准化绩效管理工作通过各部门的通力配合与协调,全面扎实推进,在2017年全国纳税人满意度调查中,纳税人满意度得分为83.81分,高于全国省会城市平均分。在2018年的第三方满意度测评中,综合得分89.35分。

3. 标准化信息管理平台让标准化插上信息化的翅膀

五华区局研发的税务标准化信息管理系统立足标准化体系的信息化,以文件管理、考评管理为核心,实现了电子化、信息化,使标准化建设工作再上新台阶,各级领导和标准化专家一致认为该系统把标准化与信息化有机结合,有特色、有创新、有成效,在行政机关中走在前列,具有较强地实用性和推广性。2015年8月,"税务标准化信息管理系统"获得五华区科技项目立项支持,2017年8月顺利通过专家评估验收。

4. 标准化人才队伍建设取得长足进步

五华区局在标准化试点工作中得到了原云南省国税局、省标准化院的多次指导、培训,掌握了标准化工作的基本要点和工作要求。全局已有50多人通过培训、考试,取得了中国质量认证中心颁发的内审员资格证书,成为既懂税收业务又懂标准化知识的复合型人才。在标准化试点期间区局分四批组织全局246名干部进行了标准化工作培训,历时一个月,内容涵盖区局全部工作,为区局20年来之最,团队精神得到了进一步加强。同时,在标准化工作的过程中,通过对业务流程的梳理、论证、探讨甚至是争论,使团队成员的业务认知、业务能力得到了进一步的提高。在2016年开展的国税系统"岗位大练兵、业务大比武"活动中,精心策划动员,扎实组织落实,做到考试对象"全营点兵"、考试内容"全科覆盖"、考试准备"全力以赴"、考务工作"全程规范"，形成了"人人学、岗岗练"的浓厚氛围，有 2 名同志分别获得昆明市征管评估系列岗位能手和信息技术系列岗位能手。

（二）以税务标准化建设促进税收工作取得了初步成效

1. 税收收入任务圆满完成

五华区局运用标准化管理，在税收收入预测、税源分析、税收任务分解下达等方面扎实到位，运用标准化管理中的"过程控制，持续改进"方法，将税收收入任务纳入质量目标管理，通过确定目标值、确定完成目标任务的方法及时限，将目标从预期的结果细化为对过程的详细明确安排、时点提醒、节点控制，实现目标，从而使税收收入在宏观经济形势不理想的情况下得以持续增长。2014 年、2015 年全局税收任务均突破 40 亿元大关，2016 年组织税收收入 45 亿元，同比增长 12.4%，2017 年组织税收收入 57.67 亿元，同比增长 28%，各项业务考核指标位列全市前列。

2. 税收征管工作成效明显

（1）顺利完成云南省金税三期首批上线试点任务。作为全国税务系统金税三期首批上线地区，原云南省国税系统金税三期工程于 2016 年 7 月上线运行。五华区局被确定为全省首批试点单位，负责为全省推行提供参照依据。区局按照金税三期工程优化版全范围、全岗、全量双轨运行的总要求，通过现实业务和模拟业务的运作、测试，确保各项业务在质、量、时上的通畅，按期完成了《金税三期工程税务人员信息采集核对表》等 15 种初始化代码的采集核实上报工作，并按时按质按量完成了省、市局下达和区局自定的数据清洗工作。同时，争分夺秒适时地开展了对系统的学习和演练，利用端午节假期对办税服务厅窗口人员进行专题培训，为金税三期推广应用工作奠定基础。在全局上下的共同努力下，系统运行平稳，各项业务顺利开展，金税三期工程顺利上线，受到了上级的通报表扬。

（2）有力促进企业和实体经济发展。区局在建立标准化体系过程中，聚焦地方实体经济发展，将营改增、供给侧改革、"放管服"改革、支持"双创"等大政方针细化为标准，落实在行动，让企业充分享受政策红利，帮助企业提升市场竞争能力和自主创新能力。2014 年至 2017 年累计为企业依法减免税近 50 亿元，辖区内的经营实体从 4 万余户增长到 7 万余户，有力地促进了企业和实体经济发展。

3. 纳税服务质量显著提升

五华区局通过标准化建设，进一步完善了纳税服务标准体系，通过规范办税标识设置、规范工作人员行为、向社会购买办税技术服务、委托第三方开展满意度调查、积极推行电子税务局等措施，以礼貌诚恳的态度服务纳税人，受到了纳税人的广泛好评。

（1）圆满完成电子税务局试点推行工作。五华区局自2016年年初开始电子税务局试点工作，认真学习国家税务总局局长王军"把昆明市局率先打造成全国第一批电子税务局"的重要批示要求，深刻领会"互联网+税务"对实现税收现代化的重要意义，领导重视，部门联动，在省局项目组的指导帮助下积极开展推行工作，承担了试点环节的主要工作任务，先后成功完成了全省首笔一键零申报、首笔发票申领配送等多个业务，为后续全面推行提供了有益的经验和参考，提前超额完成了推行任务，受到了昆明市局通报表扬并给予绩效加分激励。

（2）努力提升纳税人满意度。区局通过业务梳理，流程再造，实现了"窗口受理，内部流转，限时办结"的标准化服务模式，通过执行多证合一标准，使商事制度改革落到了实处，通过开展全省通办、"免填单"服务、延时服务等系列工作，提高了办税服务效能，降低了办税成本。办税服务厅窗口办理业务的平均等候时间减少30%，平均办理时间从5分钟缩短到3分钟。同时，大力推行网络申报、网上认证、电子税务局、电子发票等办税手段，纳税人网络申报使用率从85%上升到98%，电子税务局用户从1000余户上升到11000余户，两项指标均居全省首位，纳税人足不出户即可办理涉税事项，极大地降低了办税成本。

推行标准化工作带来的纳税服务提升也得到了纳税人的一致认可。某企业办税人员深有感触地说，"五华区局办税大厅几年前就使用排队叫号系统和服务评价系统，很受纳税人欢迎。自2014下半年开始，在大厅办事会发现，到窗口办理业务时，工作人员会起立迎接，办完离开时也会起立送别。刚开始没在意，后来发现每次去都是这样，经了解得知五华国税在搞税务标准化试点，把日常工作的各个方面都确立了标准和规范，大厅站立迎送只是其中的一个具体标准。"虽然只是很小的一个动作，但是让纳税人从心里感受到了被尊重的温暖，进一步拉近了税企之间的关系。昆明公交集团某财务人员高兴地表示，"作为营改增划转到国税的纳税人，刚开始对新的办税流程不熟悉，担心影响报税，五华区局通知我公司参加'纳税人学堂'，在培训时税务局领导告诉我们，五华区局在进行标准化管理，把各项办税工作的流程、需携带的资料、办理时限等都进行了梳理，形成了业务标准，随后把相关的办税指南发到了我们手上，打消了之前的顾虑。对照五华区局提供的各项标准，办税事项一目了然，减少了不必要的往返，提高了办税效率。"

五华区局标准化试点工作在有力推动税务标准化建设的同时，也获得了各级部门的一致认可和高度评价。2012 年 9 月，区局作为行政机关的唯一代表，参加了云南省质量安全论坛，并围绕推行 ISO 管理体系经验做法进行了专题交流发言。2015 年 2 月，国家税务总局税收科学研究所组织全国 17 个省、市国地税课题组成员在区局召开税收现代化现场调研会。2017 年 12 月 13 日，在顺利通过省级服务业标准化试点验收的基础上，经省质监局推荐，省政府确定由区局代表云南省接受国务院质量考核组的实地核查。考核组在区局通过参观成果展示、观看区局标准化工作专题片、听取区局工作汇报等环节，对区局的标准化试点工作给予充分肯定和高度评价。云南省副省长董华在讲话中指出，五华区局在实施以税务标准化促进税收现代化的工作中，基础扎实，步伐稳健，成效显著，提高了公共服务质量，促进了税收工作长远发展。随着"放管服"和商事制度改革不断深入，重点部门要及时总结推广，充分发挥五华区局标准化建设的示范和引领作用，让标准化在税务部门的实践成为全省行政服务单位可复制、可推广、可借鉴的经验，下一步要再接再厉，再上新台阶，并要求质监部门继续做好指导推广工作。

考核组组长、国家标准化管理委员会主任田世宏表示，区局的标准化工作历时 9 年，工作有特点、有成效，对建设服务型政府、效能政府工作具有积极的借鉴作用，希望区局总结经验，提炼好的做法，积极推广，不断扩大标准化建设的社会效益，在后续工作中认真贯彻落实好习近平总书记提出的"瞄准国际标准，提高质量水平，树立标杆"的要求，力争发挥示范引领作用。上海市进出口检验检疫局、原杭州市国税局等单位也先后专程到区局学习考察标准化工作情况，区局标准化工作的社会影响力不断提升，工作成效必将在工作探索实践中逐步显现。

四、经验总结

（一）加大在政府机关推行标准化的工作力度

按照中央"十三五"规划和《国务院关于印发深化标准化工作改革方案

的通知》要求，不断加强政府管理标准化，提高行政效能，在国家标准化管理委员会的主导下，让更多的基层行政部门加入到标准化建设的行列中。

（二）加大对基层的指导帮助

基层单位具体事务多，信息来源有限，在具体工作中需要得到上级主管部门的支持和帮助，既包括上级税务部门的支持，也包括上级质监部门的指导，以促进基层部门取得事半功倍的效果。

（三）进一步加强领导机制建设

税务标准化工作是典型的"一把手"工程，应通过组织机构强化加强对此项工作的领导，做到思想到位、组织到位、措施到位，才能真正把税务标准化工作落到实处。应形成领导班子"五层"工作格局，即"主要领导亲自抓、分管领导具体抓、其他领导按各自分管业务分别抓执行、推标办（含绩效及考评）具体负责组织协调落实、审维员主要承担具体工作、其他人员按照各自业务执行落实各项具体标准"的全面工作格局，确保劲往一处使，才能保证服务标准化试点建设工作落到实处。

（四）科学、合理地制定标准

制定税务标准化工作管理指引、标准化项目管理办法，优化标准审批流程，落实标准复审要求，缩短标准制定周期，加快标准更新速度。广泛听取各方意见，提高标准制定工作的公开性和透明度，保证标准技术指标的科学性和公正性。

健全标准实施推进机制。发布标准，要组织好标准推广实施工作，标准发布后，要切实落实标准的传达和执行准备，切实做好标准知晓率。

融合标准考评监督机制。标准的监督考评机制应将总局的绩效考评指标、区局制定的标准化考评指标，现阶段总局推行的数字人事有机结合，形成严谨有效的绩效考核体系，促进区局标准化执行的监督考核。

（五）把握好主控部门与标准化文件之间的关系

明确主控部门的责任主体是今后避免"两张皮"的必要措施。按照国家税务总局2010年下发的税务行业标准化工作的要求，总局范围内的各项业务、技术标准的立项、制定、修改均由对应主控部门提出申请,由总局征科司汇总报总局领导审批。五华区局在近几年推行税务标准化工作中,比照上级要求,在标准化工作的过程中明确主控部门的责任,即发布、归口、解释的责任均由主控部门承担,而非项目组,这样既能促使主控部门对标准的内容切实重视、负责,也便于今后对标准的修订完善及时到位。

(六)加强标准化文件的执行及持续改进

确保标准的执行记录能根据实际需要及时修订,确保标准落实到位,确保各部门有全面的标准落实保障机制。推行标准化,应坚持"四边"原则,"边执行、边试点、边修改、边考评",应立足实际、重在实效,一切以确保各部门各业务模块标准实施率达到90%这一目标。

2016年9月12日,在北京召开的第39届国际标准化组织大会上,习近平主席在贺信中指出,"标准是人类文明进步的成果,伴随着经济全球化深入发展,标准化在便利商务往来、支撑产业发展、促进科技进步、规范社会治理中的作用日益凸显。标准已成为世界'通用语言'。"五华区局总结近年来标准化工作的经验,领导重视是关键,标准引领是基础,信息技术是支持,强化培训是手段,践行标准是根本,骨干队伍是保障,标准修订是重点,持续改进是生命,日常审维是抓手,绩效考评是基本。在税务标准化建设工作中,结合税收工作实际,践行"以税务标准化推动税收现代化"的理念,通过长期深入地开展税务标准化建设,必将全面提升税收征管和纳税服务工作质效。

第三节 统一设计、分步推进案例(原楚雄市国税局)

一、基本情况

楚雄市位于楚雄彝族自治州境内,有着悠久的历史和灿烂的文化,位于云南省中部偏北,属云贵高原西部、滇中高原的主体部位,自古为"省垣屏障、滇中走廊、川滇通道"。原楚雄市国税局管理的纳税人共22249户,其中一般纳税人876户，小规模企业3940户，个体工商户17433户（达起征点共270户），使用发票的纳税人共8274户。共有48名税收管理员，人均管户464户。楚雄市辖区内共有12个镇3个乡。

原楚雄市国税局下设有11个内设机构，1个直属机构，4个派出机构。其中，11个内设机构分别是办公室、政策法规科、货物和劳务税科、所得税科、收入核算科、财务科、征收管理科、人事教育科、监察室、办税服务厅、机关党总支办公室；1个直属机构为稽查局；4个派出机构分别是第一税务分局、第二税务分局、第三税务分局、第四税务分局。

二、主要做法

为全力完成好试点工作，在前期实行了省局负责理论层面研究和顶层设计，原楚雄市国税局进行具体标准编写和实践验证，省、州、市三级衔接互动的工作模式。在后期实行了州局负责审核把关，市局进行具体标准的修改完善和实践验证，州、市两级联动的工作模式，努力使每一项标准有合法性、前瞻性、规范性和可操作性，切实做到了成熟一项、推行一项。

（一）加强领导，统一思想，提高认识

一是原楚雄市国税局标准化领导小组由"一把手"指挥，做到准确定位，统筹兼顾，重点突破，保障有力。二是选拔业务能力、综合能力强，勇于探索的骨干组成项目组，形成领导有力、攻关得力、重点发力、推进强力的来到机制。三是分层次召开动员会议。通过局务会议、干部职工大会、专题讨论会等形式，分类别、分层次统一思想，凝聚共识，真正把思想和行动统一到省局的"以标准化推进税收现代化建设"决策部署上来，把税务标准化建设作为一项事关全局的重要政治任务来抓，抓出实效。四是利用工作动态开展信息交流。通过"知识链接"，按期通报税务标准化建设的工作进展情况，分享税务标准化建设的主要做法和取得的主要成效。税务标准化的建设，关系到税务干部综合素质的提升，关系到税务干部岗位有为、依法治税、创新发展的前途，税务标准化的实施要立足于基层需要、立足于纳税人需要、立足于社会需要，才能得到自下而上的共同遵守和执行，达成思想共识。

（二）学习经验，制定方案，提升质效

原楚雄市国税局根据省局的实施方案，在楚雄州局的大力支持和帮助下，

运用国际通行做法、学习省内外经验,将其精华与上级的要求融会到工作实践中,前期制定出了科学完备、框架合理、措施有力、可操作性强的《楚雄市国税局税务标准化试点项目实施方案》,使标准编写、项目搭建、人员调配等渠道顺畅,保证质效。在后期制定了《税务标准化试点项目深化实施工作方案》,使标准修改、完善、运行得到保障。在职工中实行集中强化培训和现场一对一培训,项目组人员到办税服务厅跟踪辅导,及时完善、补充标准细则,使管理和服务的每个环节,始终处于"受控"状态,保证标准体系"事事有规范,时时在提升"。

(三)三级联动,优化整合,依法治税

一是在 2014 年 4 月简并、优化了 20 项办税流程,调整了税源管理分局的 9 项业务到办税服务厅统一受理;对常规业务涉税资料实行内部流转,下放了定额核定调整等 16 个文书审批权限到分局办结,推行 13 类表单"免填单"服务。《全国县级税务机关纳税服务规范》《全国税收征管规范》《全国税务机关出口退(免)税管理工作规范》下发后,把规范融入税务标准中,严格执行规范并在其基础上更加细化和具体。二是项目组人员强化学习标准化、流程再造等理论知识,努力转变管理理念,转换惯性思维模式,树立标准化建设的现代意识,寻找遏制税收征管的障碍,思考解决的有效方法和途径。三是梳理相关政策文件。目前政策文件存在业务边界不明、要求空悬、多头共管、前后矛盾等问题。针对这些问题,项目组从长远考虑,结合金税三期的做法,按照依法治税、纳税遵从、风险防控、标准规范的要求,大胆创新管理方式和方法,从规范执法和规避风险的角度出发,把税务事项分为依申请和依职权两种类型,明晰业务边界,消除文件间的矛盾内容,使标准化筹备工作在依法治税的基础上顺利运行,为过渡到金税三期打下良好基础,达到税收政策与实际工作紧密结合,规避风险,促进税收内外部的业务协同。截至 2017 年 4 月共梳理相关政策文件 981 个,并把梳理好的文件分类制作成电子书,方便查找。四是梳理优化相关表单,对功能重复性质相同的表单进行规范和优化重组。目前共梳理出表单 482 个、文书 107 个。

(四)标准设计,结合实际,流程再造

从运行流程、表证单书、政策依据入手,厘清并搭建征管标准体系、服务标准体系、组织标准体系、信息标准体系的框架。在此框架下,遵循简便、易行、透明的原则进行流程再造,以流程导向代替职能导向,优化业务流程。一是针对工作效率开展流程再造。从精细化管理出发,在每个节点上细化操作步骤并明确工作要求,同时用相应的表单启动下一节点,解决了互相推诿、纳税人反复跑、业务边界含糊不清等问题,有效提高工作效率。二是针对工作质量开展流程再造。抓住质量监控,最大限度地缩小征纳双方信息不对称的差距,有效提高税源管理质量。三是针对优化服务开展流程再造。把业务办理与纳税服务有机结合起来,删繁就简,在纳税服务规范更加细化和具体化的基础上,再造明晰的税收业务和服务要求,从细节上加强可操作性。四是针对征管改革开展流程再造。科学地将信息管税、风险管理、纳税遵从等现代税收管理理念融会贯通税收工作全过程,做到统筹实施、协同发展、形成合力,创新管理方式,提高治税能力,解决税收管理自成体系、各自为政的问题。五是针对规范执法开展流程再造。明确业务权限、程序、内容、方法、时限,实现不同业务部门之间的科学组合和最大限度的协同、协调,合理配置征管资源,形成按风险管理为导向、征纳权责明晰的税收征管业务链,从根本上解决执法随意性和征管效能低下的问题。同时,将日常管理中易发生税收风险的环节作为流程再造的关键,通过节点控制和简化流程,对没有风险的节点直接受理,存在风险的节点进行核准,减少风险发生。

(五)反复论证,注重实效,力求更优

在工作中,对流程再造与标准每个子模块的编写最少经过了五轮论证修改。标准论证第一轮,楚雄市局项目组就标准中涉及的操作步骤进行模拟测试并编写出初稿后,先在项目组内进行论证分析,力求项目组成员的编写理念、操作、优化思路与基层最实际的需要紧密对接。第二轮,云南省税务局征管和科技发展处项目组对初稿进行论证审核,主要对各个标准的节点内容、质量要求、流程优化进行可行性与可操作性的讨论。第三轮,集中市局科室、分局精通业务的骨干对省局项目组返回初稿进行讨论和修改完善,得到大家的初步认可。第四轮,把二次修改完成的标准,再次上传省局项目组进行论证修改,省局论证修改完成后再提交省标准化研究院进行论证。第五轮,集中分局、办税厅前台从事具体业务人员再次进行讨论,主要是对标准化的各个流程、时间节点、业务要求、工作质量等方面的可操作性、实用性再次进行激烈讨论修改完善。力争使每个标准的编写既符合国家的政策文件规定，又切合基层业务的实际需要，最终达到办理各项涉税事项优质高效，有效规避风险，使纳税人基层办理各项涉税事项能规避涉税风险，办事效率达到最优。

（六）攻关破题，撰写标准，投入试行

在前期大量梳理整合内部业务流程的基础上，选定"税务登记"作为突破口，进行集中攻关。在编写过程中，注重法律语言通俗化、要求明确化，让基层人员一看就懂，操作步骤一目了然，工作质量要求清清楚楚，标准的可执行度大大提升。同时以规范性、协调性和可操作性为原则，将标准分类为通用标准、具体标准和个性标准。通用标准包括了所有共性标准，适用于所有相同性质及操作步骤的工作，今后遇到流程发生变化后只需修改通用标准即可。具体标准的编写与实际操作的工作内容相结合，以服务加管理为主线，实现税收工作流程化、规范化、协作化、效率化、服务化，持续提升税收管理的运行绩效。主要由以下内容组成：范围、规范性引用文件、术语及定义、具体标准的适用条件、业务处理流程、申请、受理、核准、归档、工作要求（包括质量要求、时限要求、服务要求）、涉及业务系统、关联流程、记录与表格。个性标准是指适用于本地区的特殊标准。当本地区出现特殊事宜时，启动特殊标准，解决了地区差异的问题。2014年10月起，原楚雄市国税局逐步把征管业务标准体系的13类标准分布在市局进行推广运用。2016年11月起，原楚雄州国税局、楚雄州地税局选定"税务登记类"标准在全州国税、地税系统联合共同推行试运行。

（七）及时沟通，保障有力，确保成效

一是建立工作周报制，及时向省、州局反馈工作进展情况，并把论证结果及标准编写中还存在疑问的部分向省局提交。二是根据省局反馈结果在模拟机中再进行测试，根据测试结果调整流程和修改标准。三是内部建立沟通反馈机制，市局各部门指定专门的问题收集人员，对试点运行过程中发现的问题进行收集，不能解决的整理后上报市局项目组讨论解决，市局无法解决的提交省州局解决。四是对纳税服务资源进行优化整合，纳税人在办税服务厅任何一个窗口均可办理所有业务，为实施标准化提供了良好的试行环境。同时项目组对已试运行的四类标准制定了详细的岗责，从每个节点内容，办理时间都细化到人，当场办结的限时归档，需要流转审批的采用资料移送单，规范了前后台业务的衔接流转，审批效率得到提高，纳税人无须再重复跑，服务质量得到实质提升。

三、主要成效

经过35个多月的探索与实践，经历了理论学习、实地调研、查找问题、政策梳理、流程再造、标准编写、标准论证、标准修改、标准审核等环节和过程，到目前为止，原楚雄市国税局已完成了登记类、发票类、认定类、证明类、申报类、征收类、税收优惠类、稽查类、收归类、日常管理类、法制类、档案类共计35个通用标准和333个具体标准的撰写工作，共规范工作节点1159个。经过不断的修改和完善，在原定标准的基础上删除了31个标准，新增了7个标准，合并了8个标准，修改了53个标准名称。标准试运行35个月来，共办理税务登记类业务14221笔，其中：开业登记11606户，注销1615户；共办理发票类业务67053笔，其中：发票发放868.32万份，验旧发票337.99万份。共规范归档资料611种，减少办税时间162个工作日，减少132个工作环节。收到了"四个一个、四个统一"的明显成效，即遵循一个标准、明确一个准则、确立一个目标、统一一个流程，纳税人提供资料统一、税务机关归档资料统一、税收政策宣传辅导统一、涉税表证单书统一。以税收业务设立标准，不会因税务机构、岗位人员的变动而改变，实现税收工作流程化、规范化、协作化、效率化、服务化，工作质效持续提升。

（一）首次建立了以标准化管理推进税收现代化建设的理念

提出了先按照具体涉税事项逐项建立标准，然后再按照合理配置征管资源的需要建立科学岗责的工作思路，创新和丰富了标准的传统撰写模式。在充分借鉴管理标准、技术标准、程序标准编写体例的基础上，构建了具体税务标准编写体例。同时，紧紧围绕涉税事项，由各地在标准化的框架内依托具体标准合理调整管理层次和拓展管理层面，增强不同部门之间组合的可能性和协同性，推动税收管理方式同经济社会发展相适应，持续提升税收管理的运行绩效。基层和纳税人反映强烈的人少事多、业务边界不明、系统整合不强、数据口径不一、执行力度不力、执法不统一、资料重复报送、办税流程复杂的问题得到了根本改观。

项目组在楚雄州国税系统对办税服务厅、税源管理分局执行税务标准的人员进行了问卷调查，统计结果如表7-1所示。

表 7-1　　楚雄州税务系统内对税收标准试行后的问卷调查统计

调查内容	反馈意见	占比
优化了业务流程	是	97.40%
规范了工作行为	是	100.00%
明晰了征纳权责	是	92.60%
防范了执法风险	是	85.20%
提高了工作效率	是	70.70%
清晰了业务边界	是	95.60%
提高了征管资源配置效率	是	78.90%

基层干部一致认为：一是提高了税务标准化意识。有效地调动了各方税务标准化工作积极性，形成了税务标准化工作"省局引导、基层为主、大家参与"的有效模式。二是优化了税收征管流程。提高基层税收征管水平，使工作衔接更加紧密。以办理税务登记为例，需要提供的资料要件、办理的时限、环节与过去相比，时间缩短 2 分钟。同时，规范的业务流程明晰了征纳权责、清晰了业务边界，让基层一线的税收管理人员接受任务讲不了条件，执行任务找不到借口，按照统一的规定执行，服务意识明显增强，工作作风明显转变，有效避免了工作中相互推诿、相互扯皮现象的发生，税收执法风险得到了有效防范。三是提高了干部业务水平。从州到县，层层开展业务培训，干部职工重新以一种全新的方式学习业务知识，逐步培养了工作人员标准化管理的意识，让标准管理这种全方位、全过程的税收管理文化逐渐融入到税收工作的全过程，极大地增加了工作人员的工作积极性，激发了他们的工作潜能。四是提高了涉税信息共享率。由于税务标准化管理突出一次采集信息、杜绝纳税人重复报送资料的理念，不同部门共用基础信息，使得很多涉税业务只需提供查验资料便可以办理，实现流程顺畅精简，极大提高了信息利用率。五是夯实了税收征管基础。税务标准对每一工作节点均明确规定了工作内容、质量要求，有力保证各项工作由不同的工作人员操作都遵循统一的标准、达到既定的效果，防止执法行为的随意性，保证了管理和服务质量，保证了工作规范有序，税收征管基础得到了夯实。六是创新了税收岗责体系的建立模式。建立了事项组合标准，便于基层在标准化的框架内，因地制宜制定符合自身实际的岗责体系，打破了机构设置、部门权限设置等传统固化管理模式的弊端，促进了人力资源的合理配置。

(二) 税务标准化与"金税三期工程"岗责体系深度融合

税务标准化试点工作的开展运行,为楚雄市局金税三期系统平稳上线运行打下了坚实的基础。金税三期工作开始之初就能平稳地移植理念,有效地组织开展各项工作。为及时按质按量的上报数据材料,合理地安排各种测试任务,及时准确向省局业务组反馈打下基础。该局税务干部在日常税收业务处理过程中,在推行统一工作平台,金税三期并库自然人税收管理系统等工作过程中,能准确地进行系统操作,减少了系统误操作的情况发生,降低了适应新税收系统的难度,有效地提高了工作效率。

(三) 税务标准化有效促进三大规范落到实地

《全国县级税务机关纳税服务规范》《全国税收征管规范》《全国税务机关出口退(免)税管理工作规范》三大规范的推行规范了税收的基本业务,但是大多内容比较粗广,基层税务干部在具体的税收业务操作过程中难以把控细节。标准化把规范细化到税务标准中,成为执行规范的有力推手,细化规范的有力措施,是规范具体化的表现。标准化使得规范具体得到落地,也便于基层税务干部操作,实践过程中,明确了每项业务的操作细节,减轻了业务办理难度,提高了业务办理效率,提升了纳税人满意度。

(四) 税务标准化明确业务标准,支撑绩效管理

税务标准化从长远考虑,结合金税三期的做法,按照依法治税、纳税遵从、风险防控、标准规范的要求,大胆创新管理方式和方法,从规范执法和规避风险的角度出发,把税务事项分为依申请和依职权两种类型,明晰业务边界,消除文件间的矛盾内容,使标准化筹备工作在依法治税的基础上顺利运行,达到税收政策与实际工作紧密结合,促进税收内外部的业务协同。

税务标准化整合了税收业务、减少环节交叉、明晰了岗位职责、统一了工作标准、规范了税收执法,各项业务的办理权限、程序、内容、方法、时限更加明确,工作更易量化,严格的工作质量要求,在实施绩效管理时,只需对照质量要求的内容,即可知道该项业务有没有按要求做到位。为绩效管理提供有力支撑。

(五) 税务标准化夯实了税源管理基础，明晰了日常征纳权责

一是涉税信息资料有据可依，一目了然，采集更加细化、深入、完善，提高了信息采集的完整率。二是规范办理业务提交的资料，提高审核节点的标准。通过科学化、精细化、规范化管理，解决"疏于管理，淡化责任"的问题，强化征收管理基础，提升了征管效能。三是税务标准化要求征纳双方各自承担自己的责任和义务。比如办理减免税备案，纳税人只要按照税务机关的要求提供完整的资料，办税服务厅就给予备案。但同时告知纳税人，如果资料申报不属实将由纳税人来承担虚假申报的法律责任。然后将资料移交给日常巡管部门，巡管部门对认为可能存在问题的资料进行调查核实处理。流程简便，征纳双方责任明晰。

(六) 税务标准化规范了税收法治建设

开展税务标准化试点，对每个工作节点和业务流程都有明确的工作内容、工作步骤、质量要求、时限要求和服务要求，税务干部对纳税人实行统一的税收管理标准，把税收执法行为纳入规范化、法治化的轨道，促进了执法过程的公平公开，也大大降低了执法风险。同时，通过对每个环节的过程记录，将行政执法监督由事后监管变为了事前、事中预防和全程监管。税务标准化建设取得的阶段性成果，是原楚雄市国税局法治税务示范基地建设创新的主要亮点之一，使该局被原云南省国税局命名表彰为第一批"云南省国税系统法治税务示范基地"，同时为该局成功申报"全国国税系统法治税务示范基地"提供了强力保证。全省国税系统法治税务示范基地建设现场推进会在楚雄市召开，得到各地州（市）局兄弟单位的充分肯定和一致好评。

(七) 税务标准化提高了纳税服务质量

通过标准化建设，一是增加了资源配置，提高了审批效率。通过办税服务厅资源整合，全部实现"一窗通办"，逐步规范前后台业务衔接流转问题。二是对每项业务的法律依据、工作程序、办理期限以及需要提交的全部材料等，都得到了全面规范，把复杂的工作变成简单的执行，保证了服务质量的增效提速，得到了纳税人的一致好评。通过对当期办理涉税业务的纳税人进行问卷调查，统计结果如表7-2所示。

表 7-2　　　　　　纳税人对税收标准试行后的问卷调查统计

调查内容	反馈意见	企业占比	个体占比
提供的涉税服务是否规范	是	100.00%	100.00%
办税流程是否更加方便	是	92.00%	98.70%
是否被告知享有权利	是	81.82%	100.00%
纳税服务满意度	是	99.00%	93.10%
工作效率满意度	是	100.00%	100.00%

(八) 税务标准化推行得到社会各界好评

由于原楚雄市国税局税务标准化试点工作成效明显，云南省质监局将税务标准体系研究和建设项目列入全省 2015 年 9 项标准化研究与建设项目之一。同时还获得了总局科研所及 15 个兄弟省份国、地税科研专家的充分肯定，认为该局的具体做法为各地探索税收现代化建设路径起到了借鉴的意义，同时丰富了国家税务总局《税收现代化目标体系建设研究》课题的具体内容。时任总局科研所副所长靳东升认为标准化是税收征管的灵魂，标准化的核心是科学化，实现了科学化就促进了税收现代化建设。同时，原楚雄市国税局正在开展"税务登记类标准"申请为地方标准的申请工作。

四、经验总结

(一) 解放思想，提高认识，实施税务标准化战略引领工程

人们的思想观念对于制度变迁和制度创新往往起着至关重要的作用。制度变迁和制度现代化首先应该以人的思想观念的变革为前提。因此，在税务标准化建设的过程中，各级税务机关必须解放思想，提高认识，深刻理解税务标准化的内涵和重要意义，深刻认识开展税务标准化建设的必要性和紧迫性，增强税务标准化的战略危机感，切实转变管理理念，在系统上下形成共识，真正把思想认识统一到全面推进税务标准化建设的决策部署上来，自觉运用标准化手段提高税收管理和纳税服务水平。

(二) 健全机制，加强分析，实施税务标准化持续改进工程

税务标准化作为一项技术政策，正面作用产生于统一，负面作用也产生于

统一。也就是说，在税收工作中引入标准化，虽然在目前来说是治税理念和实践的一种创新，但若不重视随着形势的不断变化而更新，就很容易僵化于现有的模式，不能适应时代发展的需要。因此，在税务标准化建设中要坚持强调税务标准化的持续改进思想，注重对税务标准实施过程中的监控与分析，并及时根据分析监控结果进行改进，从而使税务标准化不断提高和自我完善。首先，建立健全税务标准化持续改进机制，无论是对税务标准的制定，还是对税务标准的实施、税务标准实施的监督，均必须对其有效性进行后续管理。其次，建立科学评价指标，对税务标准化的经济效果进行客观评价，并依据评价结果实施税务标准持续改进工程。

（三）统筹兼顾，注重规律，实施税务标准化协同发展工程

税务标准化建设必须遵循税收征管规律，切实做好与各方面的协同关系，才能使税务标准化具有生命性和周期性。第一，税务标准化建设必须与实践协同。税务标准属于上层建筑的一部分，它决定于经济基础，要以科学技术研究的成果和实践经验的积累作为基础，不能单凭主观意志盲目制定。纳入税务标准的成果和先进经验需要经过消化提炼、融会贯通、综合概括和系统优化，而不是不加分析地生搬硬套。也就是说，税务标准必须具有科学性和实践性。这里特别应该注意的是，税务标准与科学上的假说、技术上的专利不同，它必须经过实践的考验，取得可信的结论，形成可以作为依据的经验，而这些经验又必须是先进的。第二，税务标准化建设必须与各相关方利益协同。税务标准是在一定税收范围内作为共同遵守的准则，税务标准的内容是为了贯彻实施以取得效益。因此，在制定税务标准的过程中，有关各方协商一致是完全需要的。因为只有照顾到各相关方的建议和利益，才能使税务标准得到广泛的认可；只有经过集思广益，税务标准的内容才能更为科学、减少片面性；只有经过协商和讨论，才便于各相关方对税务标准的理解，有利于税务标准的贯彻实施。第三，税务标准化建设必须与税收现代化建设协同。树立税务标准化先行的意识，切实把加强税务标准化工作当作建设税收现代化的基础工程来抓。同时，税务标准化又需通过税收现代化才能实施、普及和发展，两者互相依存。第四，税务标准化建设必须与创新性协同。税务标准化建设必须处理好数量与质量、高标准与低标准的关系，最大限度适应税收工作的实际需要。同时，要充分重视税务标准化架构的科学性，结合深化税收征管改革和金税三期工程的发

展趋势,确保税务标准的创新性、可调性,及时将改革的成果融入到税务标准中。第五,税务标准化建设必须与税务机构建设协同。为了充分发挥税务标准化规范和效率的作用,避免因规范牺牲效率,避免因统一牺牲个性等负面影响的发生。因此,在推进税务标准化建设时,必须深化税务内设机构及职能设置改革,打破按照税种加征、管、查进行设置的传统机构职能导向设置思路,遵循依法治税、精简效能、信息共享、监督制约的原则,以税务标准化重构后的核心征管和纳税服务业务流程为导向,建立符合税收征管规律的机构和职能,将能级应对原则、动态调整原则、优势定位原则、系统规划原则贯彻于日常的人力资源配置中,并依托税务标准化和税收信息化提高行政运行效能,科学地形成分工明确、协调配合的运行机制,从而保证税务标准化建设与机构运行效能的协同。

第八章 税务标准化展望

税务标准化建设作为高质量推进新时代税收现代化的重要手段,前景广阔,任重道远。在工作中要不断总结完善,加强顶层设计,要以持续改进的理念,对税务标准化体系实行动态管理,结合各个时期的中心工作、重点工作,积极做好"标准化+"的有机组合,通过对接互联网、对接绩效管理、对接数字人事、对接风险管理,在具体实践中深化应用,不断提高税务标准化对税收工作的支撑作用。

第一节 总结完善 加强顶层设计

一、总结完善

在过去4年中,云南税务按照云南省标准化工作的总体要求,坚持"痛点思维"、快速创新、不断迭代、逐步完善、易于复制推广的原则,以"互联网+"和"标准化+"为驱动,积极推进社会管理和公共服务标准化工作,通过机制创新、制度创新、技术创新,有效提升了全省办税服务便捷化、标准化、网络化水平和税收征管质量,为云南省经济社会创新发展、协调发展、绿色发展、开放发展、共享发展提供了有力支撑。

(一)着力推进"标准化+税务"建设

2014年2月,原云南省国税局党组提出了"以标准化管理推进税收现代化建设"的工作要求,将税务标准化建设上升到税收事业发展的战略层面,鼓励各级税务机关积极参与税收标准的制定和完善。通过先局部后整体、先试点后推广的工作思路,找准标准化与税收实践的结合点,努力建立符合税收现代化战略、贴近基层工作实际的标准化工作机制。一是聚焦问题，突出目标导向。针对当前税收工作中存在的征纳权责不清晰、资源配置不合理等问题，坚持以税务标准化目标为导向，健全税务标准化组织保障体系，坚持以税务标准化管理为抓手，提升税收治理水平。二是聚拢思路，坚持科学探索。遵循税收工作规律，把握税收现代化要求，运用标准化思维，优化征管资源配置，构建完善标准化体系，整合、归并、简化业务流程，科学划分业务边界，合理界定征纳双方权责，努力减轻基层和纳税人负担。三是聚力攻关，精心编制标准。在工作标准的制定过程中，坚持省、州（市）、县（区）三级联动，逐个编写、逐项审核、逐级把关，为税务标准化理论更好地指导实践奠定了坚实基础。四是聚光亮点，扩大标准应用。打破惯性思维、路径依赖和体制弊端，充分运用标准化，积极创新管理方式，实现人与组织、人与制度、人与系统、人与流程的有机结合。利用税务标准的统一性、协调性、可读性，确保放权到位；坚持流程导向、优化服务、分权制约、分工协作，确保放权有效；应用标准化原理，构建集约高效的现代税收征管方式，确保管得住；探索建立纳税人分类分级划分标准体系，为科学实施纳税人分类分级管理提供有力的保障，确保管得好；应用"标准化＋"思维和组合理论，实施差异化管理，确保管而有序；着力抓好税务标准的规范性，实现不同人员开展同一业务标准统一、结果一致，确保执法规范；积极整合现有资源，提供"一站式"服务，确保服务好。五是聚合人才，做好人力保障。加大基层标准化人才的培养力度，为税务标准化建设储备人才。目前，云南省税务系统熟悉标准化知识的兼职人才由税务标准化工作推行初期的2人发展到80余人，为云南省税务系统实施"标准化＋"战略夯实了人力基础。

（二）税务标准化试点成效明显

通过税务标准化理论研究和试点工作，基层和纳税人反映强烈的执法不统一、业务边界不明、系统整合不强、数据口径不一、执行力度不够、资料重复报送、办税流程复杂的问题得到了极大缓解。一是提升了全系统税务标准化意识，有效调动工作积极性，形成了税务标准化工作"省局引导、基层为主、协同推进"的工作模式。二是提升了纳税服务质量，基层一线税收管理人员服务意识明显增强，纳税服务质量大幅提高。三是提高了干部业务水平，增强了工作人员的工作积极性。四是促进了涉税信息共享，突出一次采集、共同共享的理念。五是推动了人力资源的合理配置,打破了机构设置、部门权限设置等传统固化的管理模式。六是促进了税收征管方式转变,将深化改革、标准化建设、转变方式、创新业务、优化服务、系统升级、数据治理、信用惩戒等工作一体化推进,积极建立"互联网+现代税收治理"和"标准化+现代税收治理"的现代税收管理新格局。

(三)继续以标准化为引领打造税收现代化建设的"云南版本"

标准化是人类实践的产物,是人类社会的伟大创造。税务理论研究和税收实践表明,税务标准化是方向正确的探索,是需要继续深化完善、放大效应的事业。下一步,云南税务将进一步强化改革创新意识和标准化理念,将税务标准化转入深化运用阶段,努力以标准促改革、以标准促管理、以标准促服务、以标准促创新,打造以税务标准化为基础的税收现代化建设的"云南版本"。同时,继续完善相关工作,做实做细做精"税务标准",通过增强标准"牵引力",引领服务质量升级;通过织牢标准"过滤网",规范税收执法;通过奏好标准"交响乐",推动税收共治;通过扩大标准"朋友圈",深化税收合作。

二、顶层设计

(一)税务标准化建设的指导思想

以中国特色社会主义理论为指导,以高质量推进新时代税收现代化为目标,以增强标准的适应性和创新性为核心,以完善标准化管理体制和工作机制为重点,着力提升标准化在税收实践中的战略地位,应用标准化的原理和方法,建立符合税收工作实际、结构合理、层次分明、重点突出的标准体系,充分发挥标准在业务规范、技术创新、基础夯实、信息共享、效能提升和服务优化等方面的重要作用,使其成为税收事业发展的重要推动力,为税收的全面、协调、可持续发展提供保证。

(二)税务标准化建设的原则

税务标准化建设应遵循以下原则:
一是法治原则。充分发挥法治的引领和推动作用,运用法治思维和法治方式,确保决策和行动讲究程序和规范。

二是科学原则。坚持科学的态度，采用科学的方法，遵循税收征管的本质和内在规律，努力实现主观与客观的统一，使各项改革措施切合实际、切实可行。

三是系统原则。运用系统的观点、理论和方法做好顶层设计、系统构架，有序推进税收管理各领域的改革，避免各自为政。同时，做到循序渐进、重点突破、分步实施，积小胜为大胜。

四是创新原则。坚持解放思想、实事求是、与时俱进、求真务实，一切从实际出发，借鉴成功做法，勇于推进理论创新、制度创新、技术创新、体制机制创新。

五是改进原则。不断地通过分析和评价改革效能，识别改进内容，持续优化解决办法，做到在不断发现问题和解决问题中前进。

六是前瞻性原则。要前瞻性地考虑税收征管改革的总体要求，改革的内容不仅仅局限于解决现实问题，还要充分考虑未来可能发生的新情况和新问题，做到改革的可持续性发展。

七是信息化原则。坚持信息化是提高标准化质效的关键，是标准化推行的支撑，真正通过信息化提高税务标准化的效能。

八是适中性原则。紧密结合税收征管环境要求和自身信息化运用水平，在进行深入调研和论证的基础上，将标准制定得恰到好处，不偏不倚，不高不低，尽可能地优化和适用。

（三）税务标准化建设的目标

初步建成适应税收现代化建设需要的"总局引导、各地主导、社会参与、统筹实施、突出重点、分步推进"的税务标准化工作机制，着力提升标准化工作在税收实践中的战略地位，强化标准的引领、规范和支撑作用，将标准化理念贯穿到税收征纳活动的各个环节，积极营造全系统重视、关心、关注、参与税务标准化的工作氛围。

建成符合实际、结构合理、重点突出、层次分明的税务标准体系，通过建立税收业务标准体系、纳税服务标准体系、信息技术标准体系，逐步实现税收业务规范化、工作流程协同化、征纳权责明晰化、应用系统一体化、涉税信息共享化、绩效考核科学化。建设一批税务标准化建设示范单位，促进税务系统标准化意识显著增强。以标准促进规范、以标准促进管理、以标准促进服务、以标准促进创新、以标准促进效率、以标准促进遵从、以标准促进清廉，实现税收治理体系和治理能力的现代化，并获得最佳税收秩序和取得最大征管效能。

通过各类标准化专业知识和技能培训，建立税务标准化工作人才队伍，形成一支熟悉标准制定规则、掌握行业发展最新动态的国家、国际标准化专家队伍，把税收领域打造成为社会管理和公共服务标准化创新基地、标准化人才高地。

（四）税务标准化实施的主要途径

1. 自上而下，做好全国税务系统标准化建设总体部署。国家税务总局应借助《全国税务机关纳税服务规范》《全国税收征管规范》《全国税务稽查规范》等系列规范全面实施和升级完善的契机，积极认真研究建立与国家相关法律相衔接、全面覆盖纳税服务工作要素、满足税收征纳相关方需求、体现我国税收特色的税收征管和纳税服务标准体系。在总局、省局两个层级分别成立税务标准化技术委员会，专门负责制定辖区税务标准化事业发展规划，组织税务标准审查、批准、编号和发布，协调和指导税务标准化工作，负责税务标准的备案工作。在各级税务机关成立税务标准化办公室，专门负责税务标准化建设的具体组织和实施。与此同时，国家税务总局应在风险管理和绩效管理领域开展税务标准化试点工作，通过示范引领、追赶标杆、以点带面，全面推进税务标准化建设。此外，国家税务总局应在全国范围选择并培育几家省级单位（包括经济沿海发达地区、中部地区、西部边疆地区）作为税务标准化试点的主体，鼓励其以制定有竞争力、有创新力、有适应力的税务标准为基础，尽快形成地区标准，提出行业或国家税务标准提案，在国家的支持和帮助下，逐步使这些单位成为中国税务标准化突破的主力。

2. 自下而上，积极开展基层税务标准化试点。税务标准化所涉及的领域十分广泛，全国各地存在较大的差异。国家税务总局可以通过实施税务标准化试点示范工程，探索不同税收领域、不同地域税务标准化工作的新路子，逐步总结经验，再加以推广，从而形成先局部再整体，先试点再推广的工作格局。各省、自治区、直辖市应按照突出重点、先易后难、统筹实施、分类推进的原则，在国家税务总局税务标准化战略的指引下，深刻理解税务标准化的内涵和重要意义，深刻认识开展税务标准化试点的必要性和紧迫性，切实转变管理理念,采取上下联动、横向沟通、互相配合、齐抓共管的方式,分领域、分专题建立符合工作实际、结构合理、层次分明的税务标准体系,从而为全国税务标准化建设提供可供借鉴的经验。

第二节 动态管理 实现"标准化+"

一、对接"互联网+"

2015年3月,第十二届全国人民代表大会第三次会议上,李克强总理在《政府工作报告》中首次提出"互联网+"行动计划,2015年7月,国务院印发《关于积极推进"互联网+"行动的指导意见》。2015年10月,国家税务总局印发《"互联网+税务"行动计划》,明确提出按照党中央、国务院推进"互联网+"行动的战略部署,紧跟时代新步伐,把握发展新机遇,充分运用互联网思维,引入云计算技术,发挥大数据优势,推进物联网应用,始终重视纳税服务,不断激发管理活力,拓展税收服务新领域,打造便捷办税新品牌,建设电子税务新生态,引领税收工作新变革,更广范围、更深程度、更高层次地依托"互联网+"力量,为税收改革发展奠定稳固坚实基础,为税收现代化注入恒久动力,为税收服务国家治理提供强劲支撑。紧扣互联网发展特点,挖掘互联网与税收工作融合发展潜力,总结各地互联网应用探索经验,吸纳各方面的创意创新,重点推进社会协作、办税服务、发票服务、信息服务、智能应用等5大板块、20项行动。2017年3月,国家税务总局局长王军在参加"两会"期间,更进一步指出要让广大纳税人多走"网路",少走"马路"。各级各地税务机关结合自身实际,积极落实开展"互联网+税务"行动计划,原云南省国税局组织攻关组奋战100天,开发了云南国税电子税务局,于2016年1月正式启用,受到了广大纳税人的好评,截至2018年10月,已有10万余户纳税人成为电子税务局用户。总局在各地工作开展的基础上,结合国地税征管体制改革要求,于2018年6月下发了关于规范电子税务局建设工作的通知,明确要求各地要实现界面标准统一、业务标准统一、数据标准统一、关键创新事项统一的"四个统一"要求,进而为总局在2019年组织建设全国规范统一的电子税务局做好准备。

在推进"互联网+税务"的进程中，税务标准化无疑将发挥重要的基础保障作用。国家税务总局在《"互联网+税务"行动计划》中明确指出，"税务总局负责顶层设计，组织制定业务规范、技术规范、数据标准，修订完善政策依据、制度流程，统筹建设全国统一推行的税务互联网应用支撑平台和税务应用软件，组织和部署'互联网+税务'行动"。如果没有标准化提供保障，依然采用摸着石头过河，试点先行，加快推广的传统模式，极有可能出现因试点单位标准太"高"，成功模式不易复制；特色越明显，越难成为全国通用的标准，无法实现全国推广的标准化要求；地域差异性越大，经验（标准）就越难在全国推广的弊端。充分发挥标准化在"互联网+税务"行动中的保障作用，应重点关注以下方面。

（一）科学合理地建立税务标准化体系

优化的"互联网+税务"模式应该建立在具有全国通用的税务标准化的基础上，而要建立全国通用的税务标准化方式，必须在推进"互联网+税务"的过程中，科学合理地建立标准体系。在设计顶层的全国通行的税务标准化的制度同时，也必须考虑到全国不同地区的特色与特点。可以通过建立通用标准分级解决差异性的问题，如东部沿海地区，其硬件、软件以及人员的素质相对较高，社会提出的办税服务要求也相对较高，这些地区就需要更高层次的办税服务，建立分级的标准，就可以让条件允许的地区采取高级别的服务标准。相反，对于硬件、软件、人力资源各方面层次较低的中西部，允许其自主采用较低级别的标准，也允许其在条件成熟的前提下不断提升政务服务标准。

（二）切实抓好涉税数据标准化

"互联网+税务"离不开数据信息的采集利用，从税收工作的实际情况来看，涉税数据是税务机关最宝贵、最急需和最有效的征管资源，也是信息管税的重要组成部分。首先要搭建统一的数据共享平台，统一数据采集口径，规范数据采集流程。从税务机关内部数据采集的角度来看，现行的由多个部门按业务职能分别提供数据服务的模式，已经无法适应急速增长的数据规模、日益复杂的数据结构以及各部门源源不断的数据服务需求。因此，各部门应梳理业务流程，确定所涉及的数据信息，统一数据口径。"互联网+税务"项目建设过程中也应充分考虑到数据口径一致性问题,确保数据纵向一致性。可从业务、技术、操作三个层面着手。金税三期工程正式运行后,各级税务机关使用了统一的征管应用系统,全国税收数据大集中,技术层面数据口径的统一得以实现。通过税收相关法律法规的制定和完善,以及各级税务机关充分的沟通,业务层面的数据口径也将得到统一。通过对税务干部充分的培训,操作层面的数据口径一致也将得到保证。在国家政策的支持下,加强与其他部门间的数据共享,将有效丰富涉税大数据,同时通过不同部门间信息的校验确保数据有效真实。有效转化利用历史数据,由于税收信息化建设的阶段性,各级、各地税务机关使用过征收管理、发票税控、管理员平台等各类多种多样的信息管理系统。涉税大数据采集应将来自这些信息管理系统的历史涉税数据,利用大数据技术,通过数据清洗、加工、匹配、筛选,转化为标准化的可利用数据。

(三)"互联网+税务"融入"互联网+政务服务"

国务院于2018年8月印发了《全国深化"放管服"改革转变政府职能电视电话会议重点任务分工方案》,指出要推动各地区、各部门网上政务服务平台标准化建设和互联互通,实现政务服务同一事项、同一标准、同一编码,五年内实现"一网通办",做到政务服务事项"应上尽上、全程在线"。最大限度利企便民,让企业和群众少跑腿、好办事、不添堵,共享"互联网+政务服务"发展成果。同时确定,2017年年底前,各省(区、市)人民政府、国务院有关部门建成一体化网上政务服务平台,全面公开政务服务事项,政务服务标准化、网络化水平显著提升。2020年年底前,实现互联网与政务服务深度融合,建成覆盖全国的整体联动、部门协同、省级统筹、一网办理的"互联网+政务服务"体系,大幅提升政务服务智慧化水平,让政府服务更聪明,让企业和群众办事更方便、更快捷、更有效率。由此可以看出,"互联网+税务"的应用最终将纳入"互联网+政务服务"的总体范畴,在此过程中,税务标准化的作用更加重要。通过规范涉税事项名称、条件、材料、流程、时限等,逐步做到"同一事项、同一标准、同一编码",为实现信息共享和业务协同,提供无差异、均等化政务服务奠定基础。通过推进办事材料目录化、标准化、电子化,不断优化网上服务流程。努力实现政务服务事项清单标准化、办事指南标准化、审查工作细则标准化、考核评估指标标准化、实名用户标准化等,让企业和群众享受规范、透明、高效的政务服务。

二、对接绩效管理

（一）税务标准化对接绩效管理的必要性

推行绩效管理是深入贯彻落实党的十八届三中、四中全会精神，深化行政管理改革，实现税收现代化的重要举措。在国家税务总局的统一部署下，自2014年7月各地税务机关全面实施绩效管理以来，绩效管理作用初步显现。一方面系统上下形成了你追我赶的"赶超效应"，各级注重相互比较和自我比较，以绩效促改进，以实干求提升，开创了"比、学、赶、帮、超"的良好局面。另一方面形成了以绩效管理倒逼机制，实现工作持续改进的"撬动效应"，各单位把绩效考评指标作为杠杆，更加注重完善工作规则和责任落实，着力打造层层负责的责任链条，促进各项工作持续改进。但是，当前税收工作在系统性、衔接性和规范性上，没有形成简化、统一、协调、高效的税收标准体系，导致部分业务流程不规范、管理要求不统一、遵从标准不明晰等，这给绩效管理科学地制定考评指标、合理地量化考评标准、公平地实施考评带来了较大的困扰，尤其是在税务系统个人绩效管理的实践中，税务标准化体系的缺失，给个人绩效实施带来了一定困难。各级税务机关要提升站位、主动作为，立足实现税收现代化的战略目标，从推进绩效管理的现实需要入手，结合税收工作实际，以试行税务标准化管理为切入点，提升绩效管理科学化水平。

（二）税务标准化对接绩效管理的可行性

推行税务标准化，税收业务体系将更加科学规范，税收业务的权限、程序、内容、方法、时限将更加明确，科学实施绩效管理的工作基础将更为牢固。

首先，标准化为科学合理设计绩效考评指标和考评标准提供了依据。确保绩效管理科学有效的核心是指标设定的科学性，前提是税收工作本身能够被相对客观、科学、有效的描述并指标化，税务标准化恰好有效地满足这个要求，为实施科学的绩效管理提供规范、统一、合理的业务和技术支撑。

其次，标准化为绩效管理提供了统一的考评标准。标准化体现的流程最优、职责最清、标准最明、衔接最佳和效率最高的要求，明确了税收工作中每个角色、每个环节的权限、程序、内容、方法、时限，这为科学合理设计考评指标和考评标准提供了依据,使考评指标能够更为准确、客观地反映工作实绩,从而提高绩效管理促进税收工作水平提升的实际效用。

再次,标准化为个人绩效考评提供了评价参考。由于标准化为每项工作制定了明确细致的具体标准,并将工作标准融入了税务系统各层级各部门的岗位职责,使得每一个税务人员能主动根据自身岗位和工作标准对号入座,清晰掌握自身工作应该做什么、怎么做和做到什么程度,有利于绩效考评使用统一和唯一的标准实施,使得工作考评结果能够更准确、客观地反映每一个税务人员的个人绩效情况。

最后,标准化增加了绩效管理的透明度和公正性。由于有了标准化的支撑,税收制度建设、信息化建设就有了科学、规范、通用的业务口径,使得绩效管理信息系统与税收征管信息系统等应用系统实现无缝衔接,系统自动考评成为可能,切实增强了绩效管理的客观性、透明性和公正性。

基于征管标准化上构建的绩效管理机制,能够更加科学、客观地评判税收工作的开展情况,为每一项绩效任务提供更直接的衡量标准,让绩效管理的导向性作用更加凸显,促进绩效管理的科学化。

三、对接数字人事

数字人事是国家税务总局税务干部队伍建设的一项重大决策,是落实党的十八大以来党中央加强干部队伍建设精神的一项创新举措,也是构建税收现代化"六大体系"中的高效清廉的组织体系的重要内容。数字人事通过建立健全日常工作绩效考评制度,专业能力素质升级制度和领导岗位素质培养及适应能力测评制度,用数据量化表现工作情况,用信息考评工作成绩,进一步完善了税务系统干部培养、评价、任用制度。

数字人事的核心要义在于,以税务干部个人为主体,把对事的制度按人进行归集,把各种事态下的分散化的规定,变成以人为单位的整合化的制度体系,把单次、定期、不定期的考评变成日常、累积、同等条件可比的考评机制和得分,把对干部评价的定性表述变为数字化与定性化相结合的具体评价。数字人事的基本内涵是"七化",即通过全面、及时、准确地记录和科学运用税务干部"德、能、勤、绩、廉、评、基"("评"指公认评价,"基"指职业基础)等各方面数据信息,对税务干部进行全员、全程、全面管理,实现干部考核管理日常化、多维化、数据化、累积化、可比化。

在推行数字人事工作中,应着眼标准先行。税务标准按照"5W1H"原则制定,即是什么(what)、谁做(who)、何时做(when)、在哪做(where)、为什么做(why)、怎么做(how),为数字人事中的指标设置、评价方式提供了重要依据。对照标准推送任务、对照标准记录工作,对照标准进行评鉴,能进一步提高数字人事实施过程中的科学性、客观性、全面性。如江苏省税务局推行数字人事中,以标准为基础,解决了量化难的问题。通过标准化方法,为数字人事建立了规范统一的指标体系、权重配比、计分规则,以职业基础、业务能力、领导胜任力、日常绩效、公认评价为基本架构,运用大数据理念方法,对所有考核指标进行量化,设置不同权重,折算成分数,以定量为主展现干部综合素质和工作业绩,为干部管理提供了重要数据参考,真正做到了以人为本、精确量化、动态管理。

四、对接风险管理

风险管理是指一级组织对风险进行识别、衡量、分析,并在此基础上有效地处置风险,以最低成本实现最大安全保障的科学管理方法。税收风险是指在税收征管过程中,对加强税法遵从和税收共治,实现依法足额征收税款目标产生负面影响的各种可能情况。税收风险管理的核心流程包括风险识别、风险处置、风险防范三大环节。目前各级税务机关在征管基础、流转税管理、所得税管理、大企业税收管理及出口退税管理等环节都按业务归口部门各自开展了税收风险管理工作,制定了相应的工作机制,并在2018年国税地税征管体制改革后在省、州(市)、县(区)三级机构均设置了风险管理部门。

税收风险重在防范,就需要有标准化的税收征管体系和技术体系做支撑,充分了解熟悉工作内容和环节,从而更容易发现异常情况以便轻松应对风险。应对税收风险还要求标准化的应变措施,针对异常情况执行相应应对措施,及时发现处理异常,吸取以前处理类似事件的经验教训,充分利用税务标准化管理查找风险苗头或征兆,查找原因,并采取切实可行的防范措施,同时要对税务干部进行相应的标准化教育培训,以求工作的安全和进步。充分利用标准化管理,将税收风险规避的重心从事后处理转移到事前预防,可以从根本上防止重大风险的产生,从而大大降低因风险存在和风险处理时造成的风险成本。

税收风险管理的核心基础是对相关税务数据的采集、分析、运用,我国税收信息化建设经过多年的努力,取得了显著成效。在税务信息化建设过程中,标准的建立和实施是非常重要的一项基础性工作,是保证各系统互连互通、信息共享、业务协同的基础,是税务信息化建设健康发展的保证,也是风险管理工作开展的必要条件。随着信息化建设的不断发展,在不同时期,国家税务总局也制定并下发了一部分技术规范和标准,但是缺乏系统性,同时在执行过程中缺少督导,为此迫切需要在梳理以往信息技术标准的基础上,建立税务信息化标准体系,并在此基础上,不断补充、完善各类标准。通过制定和贯彻执行各类标准,从技术上和管理上把各方面有机联系起来,形成一个统一的整体,保证项目有条不紊的进行,为税务事业和税务信息化建设的长远发展奠定坚实的基础。在数据标准管理方面,要不断充实完善税收数据元、业务代码等税收数据标准,并在此基础上统一业务用语和业务表述。在数据质量管理方面,要严格执行数据标准,加强源头管控,注重数据质量全程监控、闭环管理。在数据应用管理方面,要通过标准化建设,明确指标的口径、数据来源、分析模型、计算公式和计算频率等内容,并根据政策和管理要求的变化不断更新和完善。

第三节 质量强税 深化应用

一、标准决定质量

2017 年世界标准日的主题是"标准化助力质量提升"。标准是经济社会有序发展的技术支撑,是国家治理体系和治理能力现代化的基础性制度,是质量的硬约束。国务院总理李克强在政府工作报告中部署"十三五"时期主要目标任务和重大举措时,明确提出要"建设质量强国",习近平总书记明确指出,质量问题关键是制度和措施,标准是质量的基础,标准决定质量,有什么样的标准就有什么样的质量,只有高标准才有高质量。

在高质量推进新时代税收现代化的道路上,在实施科技兴税、质量强税、信息管税的过程中,科学合理的实施标准化战略,才能切实提高税收征管和纳税服务的质量。围绕提升纳税服务质量的标准化工作,重点从办税场所、服务队伍、服务内容、服务平台、服务形式、服务流程、服务评价等方面开展标准化建设，通过建立"以纳税人为关注焦点"的核心理念，构建标准化的宣传咨询体系、权益保护体系，努力为纳税人提供均等、规范、优质的服务。围绕提升税收征管质量的标准化工作，重点从建立科学合理的业务标准体系、统一征管数据接口和标准，以标准促进管理，以标准促进遵从，切实提高税收征管质量。

二、关键在于应用

"无以规矩，不成方圆"。这里的规矩，实际上就是标准。我们通常所讲的按规矩办事，实际上就是标准执行力的问题。不按规矩办事，也就是标准执行力不到位，是画不成方圆的。如果各类标准、规范只是"写在纸上，挂在墙上，就是不落实在行动上"，再好的标准也是一纸空文，标准的改进更是无从谈起。

在以标准化推进质量强税的过程中，一是要充分发挥标准化的技术价值。税务机关在进行税收征管和纳税服务的过程中，其方法和流程还没有摆脱传统行政管理的模式，工作形式、程序和政策往往存在很大变动，动态管理特征明显。通过税收征管和纳税服务过程中对重复性的服务和工作建立标准，实现规范化的操作，将税收征管和纳税服务过程纳入制度化和规范化的框架之内。在此过程中，通过税收征管和纳税服务领域内确定标准和问题之所在，不断自省哪些管理和服务流程运作得更好，但成本却更低，从而有利于改善政府公共服务的质量。管理和公共服务的不稳定状态往往造成效率的损失、没有延续性，这些都是对宝贵的公共资源的一种浪费。实现税收征管和纳税服务的标准化，无论税务人员如何变动，其管理和提供服务的方式都会有一个规范的标准，这样就极大地节约了资源，提高了效率。

二是充分发挥标准化的管理价值。基层税务机关在工作过程中，往往出现不同机构和部门责任不清、任务不明的状况。各个部门往往感觉要做的工作很多，但工作却没有一个具体的边界，而真正满足纳税人的公共需求时却往往找不到一个真正的责任部门。实行标准化管理，将按照减少工作交叉、明确服务职责的原则，在税收征管、纳税服务的整个流程之中设立标准，重新梳理不同机构和部门的工作职责以及税收征管职责、要提供具体的纳税服务，实现管理部门和公共服务部门职能的优化配置。通过明确内部各机构在税收征管和提供公共服务过程中的职能和岗位职责，明确其工作的具体标准，使得各机构、各部门、各岗位的工作更加清晰，工作标准更加明确，一些具有重复性的常态性工作，都落实到具体的机构和人员，有效地减少相互推诿和工作脱节的现象。这样就排除了税务部门在公共服务过程中的无序，推动服务型税务机关的建设。

三是充分发挥标准化的社会价值。在税务标准化建设中，通过流程梳理和标准制定，全面审视税务部门自身的社会管理与公共服务现状和现状产生原因，将之作为改善社会管理与公共服务职能的开端。同时，综合标准化建设可以使税务部门将其关注重点回归到税收征管与纳税服务的提供及其质量改善上，并且可以使税务干部在履行社会管理、提供公共服务的过程中关注质量和标准，并时刻铭记：标准是有时限的，需要不断优化工作程序以适应标准的提升。

四是通过强化标准应用来提高干部队伍素质。税务工作的方方面面需要每个税务干部投入工作热情和责任心来完成，没有热情，没有责任心，工作就会存在惰性，更谈不上工作质量，而强化标准执行力是克服人的惰性的有效方法。大量成功的实践证明，强化标准执行力是提高干部素质的重要手段。标准为组织实现各项管理职能提供了共同准则和科学依据，因此强化标准执行力能够保证各项管理程序和管理业务规范化，使每个人、每个环节、每个过程、每个岗位都围绕质量目标高效率地协调运作。通过强化标准执行力，使干部逐步把标准的强制性约束变为自我约束，形成自觉的执行标准意识。

五是通过强化标准应用来促进管理水平的提高。标准的执行是科学管理的技术基础和重要的组成部分。标准具有很强的管理功能，并且这种管理功能具有很强的纵向性、横向性、动态性、民主性等特点，标准具有很强的渗透能力，它贯穿于税收工作的全部过程和所有环节，涉及全体员工的积极参与，它不仅能在技术层面发挥作用，而且也可以在管理层面、服务层面发挥很大的作用。

三、重在实际成效

随着社会的发展，政府面临着公众需求日益多样化的挑战。税务机关仅仅依靠传统的行政方式已经很难满足公众的公共需求，在这种形势下，税务机关既要追求较高的公共服务效益，又要不断进行创新，寻求税收征管和纳税服务的最佳方式。推行税务标准化，将会把先进标准的采用作为自身的基本公共责任，这些标准也成为连接不同税务机关先进经验的桥梁。同时，标准的建立和应用要求税务机关不断审视自身的公共服务实践，探索提供税收征管和纳税服务的更加有效的方法，从而使政府公共服务的社会效益最大化。

税务标准化建设是一项全面、系统、长期的基础性工作，从顶层设计到标准的制定、修订，直至基层对标准的实施，环环相扣，缺一不可。税务标准化的成效体现不是一蹴而就的，有一个逐步体现的过程。"不唯上，不唯书，只唯实"，这句话在实施税务标准化过程中可以调整为"既唯上，也唯书，更唯实"，即在按照上级的统一部署、按照标准化管理的基本要求开展工作的同时，更加注重从本单位、本部门实际情况入手，通过标准化建设取得实效。在工作中防止形式主义，避免标准化与日常工作"两张皮"，倡导"人人都是参与者，用100%的热情做好1%的事"的标准化文化理念，推动标准化、绩效化、信息化、规范化同步发展，建立行之有效的持续改进机制。从队伍的思想凝聚力、人员的业务水平、文明素质方面提高内部管理水平，从细小的税务标识到细心的导税咨询，从便利的服务设施到规范的办税流程，提高纳税人的满意度，增强纳税人的"获得感"。注重长效机制建设，做到"以标准管干部，靠标准促落实，用标准来把关"，充分发挥标准在业务规范、技术创新、基础夯实、信息共享、效能提升和服务优化等方面的重要作用，使其成为税收现代化目标体系建设的重要推动力，为税收的全面、协调、可持续发展提供保障。

参 考 文 献

[1] 全国服务标准化技术委员会. 服务业组织标准化工作指南. 北京：中国标准出版社，2010.

[2] 张利华. 编辑谈标准编写 [M]. 北京：中国标准出版社，2013.

[3] 197项中国标准成国际标准，我国国际标准话语权不断提升 [EB/OL]. https：//www.sohu.com/a/214675543_278665，2017-01-03.

[4] 新修订的《标准化法》对我国经济社会发展意义重大 促进我国经济社会高质量发展 [EB/OL]. http：//www.aqsiq.gov.cn/zjxw/zjxw/zjftpxw/201711/t20171109_501902.htm，2017-11-09.

[5] 信海红. 质量技术监督基础 [M]. 北京：中国质检出版社，2014.

[6] 实施标准化战略推进质量提升 [EB/OL]. http：//finance.china.com.cn/consume/20170117/4072133.shtml，2017-01-17.

[7] 一带一路标准化教育与研究大学联盟成立 [EB/OL]. http：//www.sohu.com/a/232508669_243686，2018-05-22.

[8] 以标准化助力"一带一路"跨入新时代 [EB/OL]. http：//www.sina.com，2017-09-22.

[9] 洪生伟. 标准化管理 [M]. 6版. 北京：中国标准出版社，2012.

[10] 李春田. 标准化概论 [M]. 5版. 北京：中国人民大学出版社，2010.

[11] 国务院办公厅关于印发国家标准化体系建设发展规划（2016—2020年）的通知 [EB/OL]. http：//www.gov.cn/zhengce/content/2015-12/30/content_10523.htm，2015-12-30.

[12] 坚持"三化并进"打造人民满意政务——山东省新泰市政务服务中心管理办公室案例 [EB/OL]. http：//dangjian.people.com.cn/n1/2017/1030/c413386-29617003.html，2017-07-24.

[13] 标准化引领新型智慧城市建设 [EB/OL]. http：//www.changsha.gov.cn/

xxgk/szfgbmxxgkml/szfgzbmxxgkml/sswj_1044/gzdt_8513/201810/t20181015_2766692.html，2018-10-15.

[14] 南通年鉴[EB/OL].http：//www.ntcz.gov.cn/ntsrmzf/zz/content/098e55db-cd3f-4d55-bf10-fb1604b998c2.html，2018-02-28.

[15] 北京市东城区全力打造国家级城市公共服务标准化示范区[EB/OL].http：//www.cqn.com.cn/news/zonghe/yw2/304718.html，2010-03-29.

[16] 以标准化推动行政审批服务规范化引领"最多跑一次"改革[EB/OL].http：//dangjian.people.com.cn/n1/2017/0719/c413386-29415832.html//2017-07-19.

[17] 深圳地税贯彻落实十九大精神 大力推进标准化建设与应用[EB/OL].http：//www.sohu.com/a/206915917_362042，2017-11-27.

[18] 邵阳国税加强基层税务分局标准化建设[EB/OL].http：//www.shaoyang.gov.cn/Content-161970.html，2017-04-07.

[19] "四个规范"促税收管理标准化、制度化[J].国际税收，2016.

[20] 陈黛斐，刘嘉怡，黄诗睿，等."规范税务"更进一步——税务系统推进税收工作标准化体系建设[J].中国税务，2016.

附　　录

五华区税务标准文件清单

一级类别	二级类别	文件编号	主控部门	文件标题
组织保障	人力资源管理	WHGS XZRL 01	人事教育科	公务员、工勤人员在职培训管理
		WHGS XZRL 02	人事教育科	人事管理
		WHGS XZRL 03	人事教育科	离退休干部管理
		WHGS XZRL 04	人事教育科	职务级别确定及工资管理
		WHGS XZRL 05	人事教育科	劳动纪律管理
		WHGS XZRL 06	人事教育科	劳务派遣人员管理
		WHGS XZRL 07	办税大厅（纳税服务）	税务着装管理
		WHGS XZRL 08	办税服务厅	服务之星评选管理办法
		WHGS XZRL 09	工会	员工健康管理规范
	财务管理	WHGS XZCW 01	财务科	财务档案管理
		WHGS XZCW 02	财务科	财务检查管理
		WHGS XZCW 03	财务科	财务预算管理
		WHGS XZCW 04	财务科	经费管理
		WHGS XZCW 05	财务科	银行账户管理
		WHGS XZCW 06	财务科	专项经费管理
		WHGS XZCW 07	财务科	出差管理
		WHGS XZCW 08	财务科	公务卡管理
	后勤保障管理	WHGS XZHQ 01	办公室	突发事件应急管理
		WHGS XZHQ 02	办公室	钥匙管理
		WHGS XZHQ 03	办公室	消防管理
		WHGS XZHQ 04	办公室	内部环境管理
		WHGS XZHQ 05	办公室	物资供应管理
		WHGS XZHQ 06	办公室	安全保卫管理
		WHGS XZHQ 07	办公室	公务用车管理

续表

一级类别	二级类别	文件编号	主控部门	文件标题
组织保障	后勤保障管理	WHGS XZHQ 08	财务科	固定资产管理
		WHGS XZHQ 09	办公室	外购服务管理
		WHGS XZHQ 10	办公室	合同管理
		WHGS XZHQ 11	办公室	公务接待管理
		WHGS XZHQ 12	办公室	标识规范管理
		WHGS XZHQ 13	办税服务厅	泄压室管理规范
		WHGS XZHQ 14	办公室	公共信息图形符号 第1部分：通用符号
		WHGS XZHQ 15	办公室	标志用公共信息图形符号 第9部分：无障碍设施符号
		WHGS XZHQ 16	办公室	安全标志及其使用导则
		WHGS XZHQ 17	办公室	消防安全标志 第1部分：标志
		WHGS XZHQ 18	办公室	公共信息导向系统 导向要素的设计原则与要求 第1部分：总则
		WHGS XZHQ 20	办公室	公共信息导向系统 导向要素的设计原则与要求 第3部分：平面示意图
		WHGS XZHQ 21	办公室	公共信息导向系统 导向要素的设计原则与要求 第6部分：导向标志
		WHGS XZHQ 22	办公室	公共信息导向系统 导向要素的设计原则与要求 第2部分：位置标志
		WHGS XZHQ 23	办公室	公共信息导向系统 导向要素的设计原则与要求 第11部分：机动车停车场
		WHGS XZHQ 24	办公室	公共信息导向 便携印刷品
		WHGS XZHQ 25	办公室	公共服务领域英文译写规范 第1部分：通则
		WHGS XZHQ 26	办公室	环境卫生图形符号标准
		WHGS XZHQ 27	办公室	生活垃圾分类标志
		WHGS XZHQ 28	办公室	环境管理体系要求
		WHGS XZHQ 29	办公室	商业、服务业经营场所传染性疾病预防措施
		WHGS XZHQ 30	办公室	公众聚集场所消防安全技术规范

续表

一级类别	二级类别	文件编号	主控部门	文件标题
组织保障	后勤保障管理	WHGS XZHQ 31	办公室	公共机构能源及水计量管理要求
		WHGS XZHQ 32	办公室	公共机构能源资源管理绩效评价导则
		WHGS XZHQ 33	办公室	室内空气质量标准
		WHGS XZHQ 34	办公室	机关办公用房管理
		WHGS XZHQ 35	办公室	保洁服务质量规范
		WHGS XZHQ 36	办公室	安保服务规范
		WHGS XZHQ 37	办公室	绿化服务规范
		WHGS XZHQ 38	办公室	食堂服务规范
	政务管理	WHGS XZZW 01	办公室	政府信息公开管理
		WHGS XZZW 02	办公室	会议管理
		WHGS XZZW 03	办公室	公文管理
		WHGS XZZW 04	人事教育科	党组中心组政治理论学习及专题民主生活会管理
		WHGS XZZW 05	办公室	标点符号用法
		WHGS XZZW 06	办公室	印章管理
		WHGS XZZW 07	办公室	保密管理
		WHGS XZZW 15	办公室	信访工作管理
	党群工作	WHGS XZDQ 02	工会	工会、妇委会工作管理
		WHGS XZDQ 03	人事教育科	志愿者管理办法
		WHGS XZDQ 08	党委办公室（工会）	"三会一课"工作制度
		WHGS XZDQ 09	党委办公室（工会）	民主评议党员规范
		WHGS XZDQ 10	党委办公室（工会）	机关党委会议规范
		WHGS XZDQ 11	党委办公室（工会）	机关党委换届选举工作规范
		WHGS XZDQ 12	党委办公室（工会）	发展党员工作规范
		WHGS XZDQ 13	党委办公室（工会）	党支部组织生活会管理规范
		WHGS XZDQ 14	党委办公室（工会）	党员培训工作规范
		WHGS XZDQ 15	党委办公室（工会）	党员积分制管理规范
		WHGS XZDQ 16	党委办公室（工会）	党务公开工作规范
		WHGS XZDQ 17	党委办公室（工会）	党建工作目标管理责任制规范
		WHGS XZDQ 18	办税服务厅	党费交纳管理规范
		WHGS XZDQ 19	党委办公室（工会）	日常党务工作管理规范

续表

一级类别	二级类别	文件编号	主控部门	文件标题
组织保障	纪检监察	WHGS XZJC 01	监察室	纪检监察工作管理
		WHGS XZJC 02	监察室	纪检监察"一案双查"工作管理
	绩效管理	WHGS XZJX 01	办公室	绩效管理
	标准化管理	WHGS XZBZ 01	推标办	税务标准编号方法
		WHGS XZBZ 02	推标办	税务标准表单编号方法
		WHGS XZBZ 04	推标办	税务标准化考评指标编号方法
		WHGS XZBZ 05	推标办	服务标准体系表
		WHGS XZBZ 06	推标办	常用税务术语
		WHGS XZBZ 07	推标办	标准化工作导则 第1部分：标准的结构和编写
		WHGS XZBZ 08	推标办	标准体系表编制原则和要求
		WHGS XZBZ 09	推标办	服务标准化工作指南
		WHGS XZBZ 10	推标办	综合标准化工作指南
		WHGS XZBZ 11	推标办	标准化工作指南 第4部分：标准中涉及安全的内容
		WHGS XZBZ 12	推标办	服务业组织标准化工作指南 第1部分：基本要求
		WHGS XZBZ 13	推标办	服务业组织标准化工作指南 第2部分：标准体系
		WHGS XZBZ 14	推标办	服务业组织标准化工作指南 第3部分：标准编写
		WHGS XZBZ 15	推标办	服务业组织标准化工作指南 第4部分：标准实施与评价
		WHGS XZBZ 16	推标办	服务业标准体系编写指南
		WHGS XZBZ 17	推标办	标准体系表编制指南
		WHGS XZBZ 18	推标办	服务标准编写通则
		WHGS XZBZ 19	推标办	标准化工作指南 第1部分：标准化和相关活动的通用术语
		WHGS XZBZ 20	推标办	标准编写规则 第1部分：术语
		WHGS XZBZ 21	推标办	组织机构类型
		WHGS XZBZ 22	推标办	档案工作基本术语

附　录

续表

一级类别	二级类别	文件编号	主控部门	文件标题
组织保障	标准化管理	WHGS XZBZ 23	推标办	电子档案管理基本术语
		WHGS XZBZ 24	推标办	标准编写规则 第2部分：符号标准
		WHGS XZBZ 25	推标办	国际单位制及其应用
		WHGS XZBZ 26	推标办	有关量、单位和符号的一般原则
		WHGS XZBZ 27	推标办	标准化工作指南 第3部分：引用文件
		WHGS XZBZ 28	推标办	质量环境管理体系手册
		WHGS XZBZ 29	推标办	服务标准化管理规定
		WHGS XZBZ 30	推标办	税务标准体系编写说明
		WHGS XZBZ 31	推标办	标准编号规则 第5部分：规范标准
		WHGS XZBZ 32	人事教育科	办公室岗位职责
		WHGS XZBZ 33	人事教育科	政策法规科岗位职责
		WHGS XZBZ 34	人事教育科	办税服务厅岗位职责
		WHGS XZBZ 35	人事教育科	征收管理科岗位职责
		WHGS XZBZ 36	人事教育科	信息中心岗位职责
		WHGS XZBZ 37	人事教育科	所得税科岗位职责
		WHGS XZBZ 38	人事教育科	税务一分局岗位职责
		WHGS XZBZ 39	人事教育科	收入核算科岗位职责
		WHGS XZBZ 40	人事教育科	人事教育科岗位职责
		WHGS XZBZ 41	人事教育科	财务科岗位职责
		WHGS XZBZ 42	人事教育科	监察室岗位职责
		WHGS XZBZ 43	人事教育科	货物和劳务税科岗位职责
		WHGS XZBZ 44	人事教育科	稽查局岗位职责
		WHGS XZBZ 45	人事教育科	机关党委办公室岗位职责
		WHGS XZBZ 46	人事教育科	机关工会岗位职责
		WHGS XZBZ 47	人事教育科	税务分局岗位职责
纳税服务	行政救济	WHGS NFJJ 01	政策法规科	税务行政处罚听证管理
		WHGS NFJJ 02	政策法规科	税务行政复议管理
		WHGS NFJJ 03	政策法规科	税务行政赔偿管理
		WHGS NFJJ 04	政策法规科	税务行政诉讼管理

续表

一级类别	二级类别	文件编号	主控部门	文件标题
纳税服务	信用管理	WHGS NFXY 01	办税大厅（纳税服务）	纳税信用评定及应用管理
	征纳沟通	WHGS NFGT 01	办税大厅（纳税服务）	12366纳税服务热线应用管理
		WHGS NFGT 03	办税大厅（纳税服务）	税收宣传与咨询管理
		WHGS NFGT 04	办税大厅（纳税服务）	纳税人满意度管理
		WHGS NFGT 05	办税大厅（纳税服务）	纳税服务投诉管理
		WHGS NFGT 06	办税大厅（纳税服务）	项目税源管理
		WHGS NFGT 07	办税服务厅	办税服务厅基本服务规范
		WHGS NFGT 08	办税服务厅	办税服务厅功能区设置规范
		WHGS NFGT 09	办税服务厅	办税服务厅服务公开
		WHGS NFGT 10	办税服务厅	办税服务厅服务承诺制度
		WHGS NFGT 26	办税大厅（纳税服务）	纳税人的权利和义务
		WHGS NFGT 27	信息中心	涉税信息技术服务规范 第4部分：电话指导
		WHGS NFGT 28	信息中心	涉税信息技术标准 第2部分：上门服务
		WHGS NFGT 29	信息中心	涉税信息技术服务规范 第1部分：现场辅导
		WHGS NFGT 30	信息中心	涉税信息技术服务规范 第3部分：远程协助
		WHGS NFGT 31	信息中心	涉税信息技术服务报告编写规范
税收征管	税务登记	WHGS ZGDJ 01	征收管理科	设立税务登记管理
		WHGS ZGDJ 02	征收管理科	税务登记变更管理
		WHGS ZGDJ 03	征收管理科	注销税务登记管理

续表

一级类别	二级类别	文件编号	主控部门	文件标题
税收征管	税务登记	WHGS ZGDJ 04	征收管理科	停业登记管理
		WHGS ZGDJ 05	征收管理科	非正常户管理
		WHGS ZGDJ 06	征收管理科	纳税人存款账户账号报告管理
		WHGS ZGDJ 07	征收管理科	纳税人财务会计制度备案管理
		WHGS ZGDJ 08	征收管理科	征收方式鉴定管理
		WHGS ZGDJ 09	所得税科	企业所得税清算管理
		WHGS ZGDJ 10	征收管理科	复业登记管理
		WHGS ZGDJ 11	征收管理科	税（费）种认定管理
		WHGS ZGDJ 12	征收管理科	纳税人在云南省内跨州（市）、县（市、区）变更登记管理
	税务认定	WHGS ZGRD 01	货物与劳务税科	增值税一般纳税人登记管理
		WHGS ZGRD 02	货物与劳务税科	辅导期增值税一般纳税人管理
		WHGS ZGRD 03	货物与劳务税科	应登记增值税一般纳税人告知管理
		WHGS ZGRD 04	货物与劳务税科	选择按小规模纳税人纳税登记管理
		WHGS ZGRD 05	货物与劳务税科	出口退（免）税备案管理
		WHGS ZGRD 09	货物与劳务税科	增值税一般纳税人选择简易办法计算缴纳增值税备案管理
		WHGS ZGRD 10	所得税科	跨地区经营汇总纳税总分支机构企业所得税管理
		WHGS ZGRD 11	所得税科	大企业管理
	税收优惠管理	WHGS ZGYH 01	货物与劳务税科	增值税优惠备案管理
		WHGS ZGYH 02	所得税科	企业所得税优惠备案管理
		WHGS ZGYH 03	所得税科	企业所得税资产损失税前扣除管理
		WHGS ZGYH 04	所得税科	企业所得税小型微利企业优惠管理
		WHGS ZGYH 05	货物与劳务税科	增值税即征即退优惠办理
	税收证明	WHGS ZGZM 01	征收管理科	涉税证件管理
		WHGS ZGZM 02	征收管理科	跨区域涉税事项管理
	申报征收	WHGS ZGZS 01	办税服务厅	纳税人日常申报管理
		WHGS ZGZS 02	征收管理科	催报、催缴管理
		WHGS ZGZS 03	征收管理科	延期纳税申报管理
		WHGS ZGZS 04	征收管理科	延期缴纳税款管理

续表

一级类别	二级类别	文件编号	主控部门	文件标题
税收征管	申报征收	WHGS ZGZS 05	征收管理科	个体工商户定期定额核定管理
		WHGS ZGZS 06	征收管理科	欠缴税款管理
		WHGS ZGZS 07	所得税科	企业所得税汇算清缴管理
		WHGS ZGZS 08	货物与劳务税科	车辆购置税管理
		WHGS ZGZS 09	所得税科	企业所得税关联申报和同期资料管理
		WHGS ZGZS 10	所得税科	非居民企业所得税源泉扣税管理
		WHGS ZGZS 11	所得税科	企业重组所得税特殊性税务处理管理
		WHGS ZGZS 12	货物与劳务税科	出口企业免抵退税申报核准管理
		WHGS ZGZS 13	所得税科	居民企业所得税核定和调整核定管理
	收入核算	WHGS ZGKT 01	收入核算科	税收收入预测管理
		WHGS ZGKT 02	收入核算科	税收计划任务下达、分解及实施管理
		WHGS ZGKT 03	收入核算科	税收收入分析管理
		WHGS ZGKT 04	收入核算科	重点税源网上直报工作管理
		WHGS ZGKT 05	收入核算科	税收票证管理
		WHGS ZGKT 06	收入核算科	税收会计账务及会统报表管理
		WHGS ZGKT 07	收入核算科	税收收入情况报告和通报制度管理
		WHGS ZGKT 08	收入核算科	税收资料调查管理
	发票管理	WHGS ZGFP 01	办税服务厅	发票内部管理
		WHGS ZGFP 02	货物与劳务税科	丢失增值税专用发票已报税证明单开具管理
		WHGS ZGFP 03	货物与劳务税科	未按期申报抵扣增值税扣税凭证管理
		WHGS ZGFP 04	货物与劳务税科	逾期增值税扣税凭证抵扣申请管理
		WHGS ZGFP 05	货物与劳务税科	增值税发票核定管理
		WHGS ZGFP 06	货物与劳务税科	增值税专用发票最高开票限额审批管理
		WHGS ZGFP 07	货物与劳务税科	增值税防伪税控系统初始发行管理
		WHGS ZGFP 08	货物与劳务税科	增值税防伪税控专用设备变更发行管理
		WHGS ZGFP 09	货物与劳务税科	增值税防伪税控专用设备注销发行管理
		WHGS ZGFP 10	办税服务厅	普通发票缴销管理

附　录

续表

一级类别	二级类别	文件编号	主控部门	文件标题
税收征管	发票管理	WHGS ZGFP 11	办税服务厅	增值税发票领用管理
		WHGS ZGFP 12	办税服务厅	代开普通发票管理
		WHGS ZGFP 13	办税服务厅	增值税发票认证管理
		WHGS ZGFP 14	办税服务厅	增值税发票存根联数据采集管理
		WHGS ZGFP 15	办税服务厅	开具红字增值税专用发票管理
		WHGS ZGFP 16	办税服务厅	代开增值税专用发票管理
		WHGS ZGFP 17	办税服务厅	增值税发票验旧管理
		WHGS ZGFP 18	办税服务厅	增值税专用发票缴销管理
		WHGS ZGFP 19	办税服务厅	增值税发票挂失、损毁报备管理
		WHGS ZGFP 20	征收管理科	普通发票真伪鉴定管理
		WHGS ZGFP 21	办税服务厅	普通发票领用管理
		WHGS ZGFP 22	办税服务厅	普通发票担保管理
		WHGS ZGFP 23	办税服务厅	普通发票领用簿发放管理
		WHGS ZGFP 24	办税服务厅	普通发票挂失损毁报备管理
	税务稽查	WHGS ZGJC 01	稽查局	税务稽查管理
		WHGS ZGJC 02	政策法规科	重大税务案件审理
		WHGS ZGJC 03	货物与劳务税科	出口货物税收函调管理
	纳税评估	WHGS ZGPG 01	征收管理科	纳税评估管理
	税收法制	WHGS ZGFZ 01	政策法规科	税务行政处罚管理
		WHGS ZGFZ 02	政策法规科	申请税务人员回避管理
		WHGS ZGFZ 03	政策法规科	纳税担保申请确认管理
		WHGS ZGFZ 04	稽查局	规范进户执法管理
		WHGS ZGFZ 05	政策法规科	内控机制管理
	征管档案	WHGS ZGDA 01	征收管理科	征管档案管理
信息化建设	安全管理	WHGS XXAQ 01	信息中心	信息化安全管理
		WHGS XXAQ 02	信息中心	信息系统管理
	设施管理	WHGS XXSS 01	信息中心	信息化基础设施维护管理

DG5301

昆 明 市 地 方 标 准

DG 5301/T 28—2018

项目税源管理与服务规范

2018-03-12 发布　　　　　　　　　　2018-06-01 实施

昆明市质量技术监督局　　发　布

附　录

DG 5301/T 28—2018

目　次

前言 ··· 168
1 范围 ·· 169
2 术语定义 ·· 169
　2.1 项目税源 ··· 169
3 项目税源管理 ··· 169
　3.1 项目税源分类 ··· 169
　3.2 项目税源跟踪 ··· 169
　3.3 项目信息管理 ··· 170
4 项目税源服务 ··· 171
　4.1 政策辅导 ··· 171
　4.2 办税辅导 ··· 171
5 绩效评价与改进 ··· 171
　5.1 评价 ··· 171
　5.2 改进 ··· 172

附录A（资料性附录） 项目税源跟踪信息汇总表 ·························· 173

DG 5301/T 28—2018

前 言

本标准按照 GB/T 1.1—2009《标准化工作导则 第 1 部分：标准的结构和编写》编制。

本标准由昆明市国家税务局提出并归口。

本标准主要起草单位：昆明市五华区国家税务局。

本标准主要起草人：道路、邵东明、张雁、杨迎胜、石林、佘玫、季恒、李鸿涛、杨爽、童心舟。

附 录

项目税源管理与服务规范

1 范围

本标准对项目税源管理和服务,以及绩效改进与评价做出了规定。

本标准适用于项目税源管理和服务。

2 术语定义

2.1 项目税源

指预计产生税收的招商引资项目或政府重点投资性项目。

3 项目税源管理

3.1 项目税源分类

3.1.1 招商引资项目

辖区以外的企业集团、金融投资单位、自然人等在辖区内投资建设的投资项目。

3.1.2 重点项目

辖区范围内的政府性投资项目、产业类投资项目、"城中村"改造项目、旧城改造项目、片区开发项目及当地党委、政府有明确意向和规划推进的其他投资项目。

3.2 项目税源跟踪

3.2.1 项目确认

辖区政府主管部门(发展改革)下达确定的招商引资项目及政府重点投资项目信息,并与辖区税务机关建立联络机制,通过文件下达、信息互通、部门对接等方式,对实时获取辖区内具有签约意向、已签约或已纳入规划将实施的招商引资及重点项目信息进行确认。

DG 5301/T 28—2018

3.2.2 职责划分

税务部门应根据属地原则,建立项目负责人制度,对意向基本明确的投资项目或已进入规划报批阶段的重点项目,指定专人负责,进行定期跟踪,次月5日前对项目进展情况向本级责任部门及领导作出报告。项目跟踪信息以表格形式上报,参见附录A。

跨区项目,应由市级税务部门统筹制定项目跟踪计划,并适时对所属辖区税务部门项目跟踪服务的情况进行监督。

3.2.3 责任落实

项目属地税务部门应安排专人与项目负责人对接,持续开展跟踪,掌握项目实质进展,做好前期服务。

3.3 项目信息管理

3.3.1 信息收集

已经获知确切信息的项目,应由税务部门项目税源跟踪服务责任部门及相关人员向项目企业及涉及的辖区办事处了解落地进展及存在问题,了解项目属性,掌握相关预期税源信息。

3.3.2 信息跟踪

项目税源跟踪税务部门应定期将跟踪服务收集获取涉及项目落地进展的信息与属地政府主管部门(发展改革),就涉及的项目进展信息建立互通机制,敦促相关单位在职责范围内,积极协调解决好项目落地的相关问题,根据项目税源管理服务的需要,按照与同级税务机关协商确定的时间和方式获取涉税信息,主要包括但不限于:

——工商部门:工商登记、变更、注销、吊销、增资、股权变更、信用评价等情况。

——发展改革部门:国民经济和社会发展计划及执行、房地产项目立项备案、房地产项目核准、重大项目审批、经济适用房投资项目信息清单等情况。

——工业信息部门:主要工业企业生产经营情况、企业技术改造项目立项和开工建设等情况。

——规划部门:提供建设用地规划、工程项目规划、收费、房产项目容积率规划控制等情况。

——住房城乡建设部门：建设用地、施工许可、招投标信息、工程总包及分包合同、建设工程竣工验收备案、房地产（建安）企业资质、房地产建安成本标准、商品房备案、楼盘、预售、产权证信息、存量房交易、住房平均交易价格、房屋租赁信息、房地产交易中介服务机构等情况。

3.3.3 信息共享

税务部门和各有关部门应按要求设置涉税信息传递接口，实现涉税系统的互联互通和信息共享，方便部门间协同工作。

4 项目税源服务

4.1 政策辅导

4.1.1 结合实际制作宣传册、小视频等各类宣传材料，充分利用微博、微信等媒体或平台，并利用税收宣传月等专题活动，加大新办纳税人学堂、大走访等工作的力度，对税收政策进行宣传辅导，努力营造良好的营商环境。

4.1.2 充分利用互联网、移动终端、第三方平台等媒介，做好税收优惠政策的宣传辅导。为纳税人适时提供多元化、全方位的咨询辅导服务。

4.1.3 针对不同类型的项目，提前对应宣传相关税收政策，分行业开展有针对性的政策培训，并根据纳税人需求定期开展政策辅导工作，充分维护纳税人对税收政策的知情权。

4.2 办税辅导

4.2.1 落实实名办税的要求，通过实名信息比对建立纳税人在国税、地税部门涉税信息采集共用清单，简化纳税人报送资料。

4.2.2 对项目税源单位提前进行发票无纸化培训工作，指导项目税源单位熟练应用电子发票。

4.2.3 根据"走出去"纳税人需求，全面落实服务"一带一路"战略相关项目的各项税收政策。

4.2.4 综合应用多部门共享信息，适时做好纳税人信用等级的预评估，推行信用管税办税服务。

5 绩效评价与改进

5.1 评价

对税源项目管理与服务的绩效评价，税务机关可以结合自身的管理提出相应的评价指标，但至少应包括以下几个方面的内容：

a）项目跟踪。是否建立了涉税项目联系通道，并形成良好的对接关系，做到涉税信息获取完整、准确、及时，向政府主管部门（发展改革）反馈影响项目落地的非涉税信息及时到位。

b）异常纠正。是否定期对项目税源数据开展测算分析，判断相关税收政策知晓程度、预期税收收入形势及影响税收增减的因素，使影响税收征管的薄弱环节得到纠正。

c）定期评价。是否按月编制了翔实清晰的数据分析报告，对项目落地情况进行客观的描述与评价，具有决策价值，并按期向局领导及有关部门报送分析报告。

d）满意度测评。是否定期向招商引资企业、重点投资项目，征集对营商环境的满意度，并从收集到的相关信息中找出管理与服务的不足。

5.2 改进

在项目税源跟进管理和服务中，通过定期走访纳税人、满意度测评、征求相关部门的意见，发现并改进工作中的瑕疵和不足，明晰项目潜在税源涉及政策及形成税收预期，及时制定适宜的改进措施，定期评价改进的效果。

政府主控部门（发展改革）适时发布跟进服务绩效反馈，提升辖区营商环境。

附 录 A
（资料性附录）
项目税源跟踪信息汇总表

表 A.1 项目税源跟踪信息汇总表

制表单位：　　　　　　　　　　　　　　　　　　　　制表时间：

序号	项目名称	业主单位	政府部门联系人	项目总投资（万元）	拟开工时间	跟踪反馈情况